阿飛—著

為什麼找不到好男人？

阿飛的完美女人課

【代序】

讓熱血史丹利打消寫兩性書念頭的那個阿飛！

我因為出了第一本書，反應還算不錯，所以應該要有第二本，但每當別人問我第二本書要出什麼的時候，我總是回答不出來。

一樣寫熱血搞笑的東西？這是最基本的，但事實上我想寫點不一樣的東西。那寫流行好了，好歹我也是街頭摩人，但這種時效性的東西很快就會退燒了。那出圖文書好了，圖文書現在當紅，應該可以賣得不錯，但可能幼稚園大班的學生都會畫得比我好。

那寫兩性的書好了。反正女王寫兩本就狂賣兩本，有人寫女性觀點當然就要寫男性觀點啊！所以決定了！我的第二本就來寫個兩性的書好了。我真的有很認真的考慮過，而且一度真的要開始動筆了，但最後我還是放棄了，因為……

該死的阿飛出書了！

當初還不認識阿飛的時候，會看他的部落格是因為一開始被他在部落格上的名字

『喝海尼根的阿飛』所吸引的，我以為那是在介紹啤酒的部落格，因為看他部落格旁的照片就像是一個有鬍子的愛喝酒大叔，所以我就滿懷興奮的心情看他的文章，然後卻發現文章裡面根本都沒有『啤』跟『酒』兩個字……搞屁啊！

又看到他部落格旁的照片，這個留鬍了的大叔看起來一點都不誠懇！

所以我就帶著憤怒的心情一篇一篇去找有關啤酒的文章，啤酒是沒看到什麼，但卻發現這個大叔的文章超讚的，而且又很猛力的更新，根本就像是EPSON的印表機一樣，真的快、好厲害啊！

然後我又看了他部落格旁的照片，突然覺得這個大叔笑起來真是睿智啊！

只能說，那張照片真神奇，讓我看了有三種不同的心境變化。

每次看阿飛寫感情的事，都會覺得這人不是談過很多次戀愛，不然就是被甩了很多次，因為如果要平空瞎掰的話，絕對掰不出這種會讓看的人感覺好像有東西在鑽你心肝的那種快感，雖然他是個男的，但他完全說出了男人的心聲啊！他可以完全的冒著不怕走在路上被圍毆的危險，大剌剌的寫出男人的缺點，讓女人更了解男生，也讓男生可以更知道自己到底在戀愛的路上有多蠢。

他根本就是個男人的叛徒！但我還挺愛這樣的叛徒的，因為他偶爾還是會幫男人說點話，讓看他文章的女生可以在感情的路上更加體諒我們，根本就是佛心來的啊！

所以，阿飛你就好好加油吧！這個領域真的需要一個男子漢的，不然老是讓那個女王獨霸市場，這樣我們男生多沒面子啊！所以，各位就請多買一下阿飛的書，把阿飛推上夜王的寶座吧！

最後來學一下阿飛的結尾：

阿飛：『為什麼是夜王？那不是講牛郎的日劇嗎？』

史丹利：『管他的！反正你愛喝酒又會談感情，所以就叫夜王吧！』

阿飛：『……』

◎本文作者為街頭×酷搜摩人——史丹利愛亂來版主http://tw.myblog.yahoo.com/arsablue-stanley，他在此部落格介紹街頭流行文化，開站至今，已吸引300萬人次的網友，出版第一本書《史丹利一定要熱血》即登上暢銷排行榜。

【代序】

製作過男女速配節目的貴婦奈奈更稱讚阿飛！

愛情問題、男人女人，是古今中外人類最愛討論的話題。同樣詮釋愛情，不同的人會從不同的點、線、面下手切入，取決於作者個人在情場打滾的履歷和他的第二專長，書本透露著作者的價值觀、他的生活態度和生活方式。

如果你有機會對照每本書和每個作者，你會整理出一個很有趣的發現。

阿飛的專長是行銷，談論愛情絕對有他『行銷人』的特色。

行銷人談愛情，條列分明，朗朗上口，每個標題都像時尚雜誌封面每個月討論的專題，每篇文章結尾阿飛都會貼心摘要，送上一、兩句人人可以用來貼在MSN暱稱上當座右銘，或過年寫在門口當春聯的對句，提醒每個人愛情的道理。

我很少在部落格社群裡看見男性版主談論除了政治、新聞、財經、攝影之外的議題，尤其是愛情，畢竟對男人來說，愛情是一個太女人的話題。

向來談論愛情的男人不是那種sensitive的娘娘腔，就是gay，但阿飛外表一點都不娘，也不是Gay，他切入的愛情面很有男人味，從男人的生活以及男人可理解的面向去討論愛情的現象。

很多男人不思考，也不把自己心裡想的寫出來，他們寧死也不肯透露自己的在乎和脆弱，他們寧願被誤認成呆頭鵝也不願花點時間抗議或爭辯，更不會寫什麼自白書來澄清自己的內心世界。

面對女人問問題時，他們寧可花時間來質疑女人問這問題的邏輯性、合理性和必要性，也不願意正面回答他們的真心話。連簡單的是、不是，要、不要，有、沒有，愛、不愛，都要扭捏矯揉半天，搞得女人很可憐，同樣一個問題問了男人好幾遍，他們也不給一個識相的答案。所以女人們只能在下午茶的時候抱怨：『男人沒有心靈，都是低等動物。』因為男人認為談論愛情就像在市場跟主婦談論菜價一樣，不如把時間拿來做大事，但往往，愛情搞不定，事業就很難搞定。

男人該像阿飛那樣，透過思考釐清自己的愛情觀，透過敘述來整理自己的愛情觀。你會發現，男人也可以很細緻的談論愛情這檔事，只要你把這件事放在心上。

對阿飛來說，不管是冰箱的木瓜、路邊的那雙鞋、坐在馬桶上或是坐在計程車司機的車上，都可以讓他聯想起愛情，整理起愛的意義。愛情佔了他大腦的一半，與行銷抗衡。證明，愛情不但可以跟生活結合，當然也能跟工作結合，因為貫穿這些領域的就是自己的性格和價值觀。

研究愛情、談論愛情不能只有女人在努力，男人也得加緊跟進，誰研究得多、談論得多，獲益最大的就是自己。

你會因此更明白自己習慣在愛情中扮演哪種角色？思考自己付出行為背後的意義，你可以清楚知道你意圖控制別人還是你不自覺受人控制，當你可以藉著思考越來越洞察，你就越不會讓自己在愛情之中受委屈，就能愛得更順利。

◎本文作者為貴婦奈奈的福態日記版主http://www.wretch.cc/blog/abig99領有專業證照的諮商心理師，常在坊間及校園演講帶領兩性成長團體。曾任世新大學社心系講師，待過一年電視圈，製作中視速配男女節目。目前為自由作家。

來自網友的強力推薦

Gway：

如果說女王是男人的剋星，女人的救星。那麼阿飛就是宅男裡的明星、女孩們的小星星。他的文章就像孫悟空的火眼金睛，深入透析出男人骨子裡的真心。他的筆觸雖然沒有恰似你的溫柔，卻道出了女人想聽的原來你不夠愛我。

這，就是我認識的阿飛，一個囚禁在未來標準男性靈魂卻現身於今世的真心話奇男子！

我是『67的隱性女王陛下』：

閱讀飛哥的文章已經小有時日，很高興能聽到這『絲毫不感意外』的消息。對喜愛您文章風格的人們而言，就像是親身感受到上帝親臨！聽聞福音！那般的萬幸ㄚ！新書若上市必推！若在台北誠品敦南店夜開簽書會的話必推！若在談論性ＴＶ節目中出現必鬧場！（開玩笑的啦！）

陸希雅：

不管是想找好男人的女人，還是想找好女人的男人，阿飛的書你絕不能錯過！

挑牛肉麵店我們看Taipei Walker，挑股票我們看智富，工作我們看報紙廣告，挑伴侶看阿飛的書就對了。跟心儀的對象聊天適時引用阿飛的句子，不但能讓對方會心一笑，還能提升你在他心中的地位，把阿飛的書讀通，和尚／尼姑也會愛上你／妳。

奶油米：

我真的很喜歡阿飛的文章、你的幽默，這個網誌變成我的良藥、夥伴。你的觀點、你的分析，以及你的細膩，讓我知道這世界上的男性們也不是那麼糟，我又回到當初的自己，慢慢的。

很高興你要出書了，對女性朋友來說，這將會是一本知心好友，或是參考書；對男性來說，大概是密友——都說中卻死不承認。你的書可以幫助解開兩性間的重重謎團。再次恭喜你，期待在暢銷榜那排翻閱你的書。（然後買下來，哈！）

小花：

阿飛的文字，貼得像男人的保險套、女人的丁字褲；卻不若保險套溼滑般觸不到重點，也不若丁字褲總是黏在不想黏的地方。想知道阿飛如何把男人和女人寫得恰到好處、若隱若現？用心去讀，他會帶給你兩性議題裡前所未見的歡愉與寬廣！

CONTENTS

PART 1

完美女人課！

PART 2

熟男症候群

PART 3

阿飛不負責愛情講座

【前言】男女之間最大的問題，就是永遠都有問題！

在《聖經》裡有記載上帝先創造了男人，再從男人身上取下了一條肋骨，之後又用肋骨創造了女人，男人亞當說：『這是我的骨中骨，我的肉中肉，我們可以稱他為女人。』

但是男人和女人這對彼此的『骨中骨』與『肉中肉』，卻變成了在生理與心理上都是完全不相同的個體。

男人與女人，相互吸引而結合，但也因為想法不同而產生摩擦，我們不斷地猜想對方的心思，不斷的思索對方為何這麼做，這就像是永無止盡的心理遊戲一般，永遠讓人懷疑答案到底正不正確。

你走進書店，總是可以看到各種關於兩性問題的書籍，有教導男人如何追求女人的，也有教導女人怎麼制伏男人的；有告訴我們如何快樂單身過日子的，也有分享如何讓婚姻幸福美滿的；有教我們從心理學來看待兩性問題的，也有教我們從星座命理來了解對方的……

但是，每當我闔上書本後，都會在心裡想著：其實書上寫的道理我們大部分都知道，但是知道卻未必做得到，所以我們才會不斷的想在書本裡重新溫習過那些其實我們原來都知道的問題，想藉由不斷的複習，也許有一天我們真的能夠做得到吧？

男人與女人真的不相同，但並不是來自外太空的外星人，只是想法不太一樣罷了。

在思考想法上面，男人確實比女人簡單多了，不是指男人比較笨，而是相較於女人，男人對於所謂幸福美滿的浪漫結局比較沒有憧憬，對於男女雙方互動中的氣氛與體驗也比較沒有感覺。

男人的想法總是直接而單純的，我們小時候總以為女生看自己一眼，就認定對方一定喜歡我，長大後我們也以為女生只要晚上願意單獨到自己家裡，我們就該準備好保險套。

而女人的心思則是複雜而敏感的，妳可能從男人說話的神態就能夠猜測到他是不是變心了，妳也許會因為別人的一句話就會感到難過傷心，即使妳自己知道那只是無心的閒聊而已……

就是因為思考方式的不同，男人與女人間的問題，也就永遠的存在於彼此之間。

女人會說：『男人就是犯賤，越容易得到，就越不懂得珍惜。相反的，越得來不易，才會懂得好好珍惜。』

男人也說：『女人都說溫柔體貼是重點，但其實那都是對帥哥說的。長得醜的男人對她溫柔體貼，她們就覺得那叫做性騷擾。』

女人還說：『男人就是好色，說什麼外表不重要，內在才是重點，那幹嘛老是上網看那些爆乳自拍少女照，難道男人所說的內在，就是指胸部的容量嗎？』

男人回說：『女人老是到處說自己的待遇及處境不公平，好像男人都在欺負女人，但遇到麻煩的時候，卻又裝可憐，還要我們男人幫忙，真是得了便宜還賣乖。』

男人與女人彼此都有一堆苦水要吐，都有一堆問題要問對方，但是好像永遠都抱怨不完，問題的回答好像也永遠不會讓對方滿意，而那些問題彷彿是跳針的唱片，不斷的重複出現。

女人都說男人很壞，我得說女人有時候真的誤會男人了，男人並不是妳老爸口中所說的：全都不是好東西！

當初那個分手時告訴妳『我還沒有準備好安定下來，是我自己的問題，不是妳的錯』的男人，在幾個月後，朋友告訴妳那男人已經訂婚了，妳就開始認定他是爛男人，只會利用妳、一直欺騙妳，男人都不是好東西。

但或許那男人沒有騙妳，當時是真的還沒準備好，並不是妳不好，而且現在的女人也未必比妳好，只是剛好他在與妳分手不久後，忽然開始想定下來而已……

也許妳會怪男友為什麼老是和前女友糾纏不清，分明是想以『還是朋友』之名行『劈腿』之實，於是妳因此與他大吵大鬧，揚言分手，上演『漢賊不兩立』的戲碼。

其實大多數男人會與前女友保持連絡，並不是希望舊情復燃，只是基於關心的立場，就像妳希望朋友也可以過得很好一樣，他的動機可能不是妳想像的那麼壞……

男人的壞與不壞，其實全是出女人自己判斷的，也許男人根本不覺得自己這麼做就是『壞』。

就像是所有男女間的相處問題一樣，雙方的想法不同，認知也不同，也許有人會選擇分開，也許有人會選擇溝通，沒有什麼對與錯，只有要或不要。

有句話說：『上台靠機會，下台靠智慧。』其實男女交往也是靠機會，男女相處也是靠智慧，並不是要你用盡心機，而是要你用心去愛。

男女之間的問題總是那麼的多，總是那麼的複雜，如果每件事我們都要去想為什麼、去想該怎麼做，你不覺得那樣子實在是太累人了？

很多讀者常會寫信問我感情問題，問我該怎麼做，我都會回答：『怎麼做會讓自己開心，會讓自己快樂，你就怎麼做。』

因為我覺得每個人的感情問題其實只有自己最清楚，我們外人沒有任何立場教導你怎麼做，也許你自己根本知道該怎麼做，只是不願意做而已，不是嗎？誠心希望每一個朋友都能有智慧的生活，擁有自信的人生。

阿飛戀愛行銷講座

男女交往也是靠機會，男女相處也是靠智慧

在愛情裡頭，沒有怎麼做是對或錯，只有讓自己開心快樂才是真智慧。

PART 1
完美女人課！

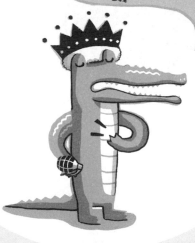

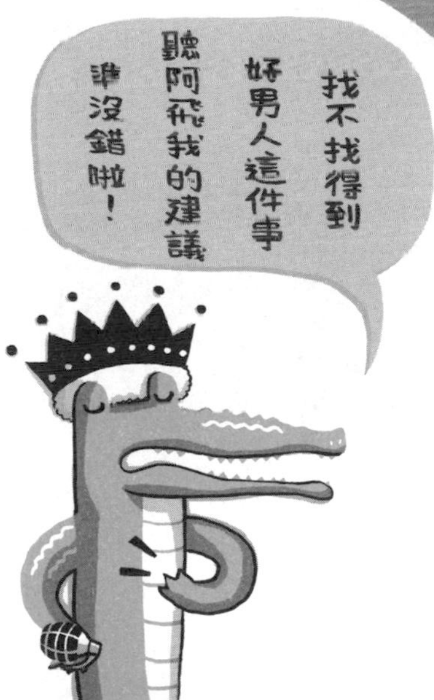
找不找得到
好男人這件事
聽阿飛我的建議
準沒錯啦！

女人令男人心動的部位

我想應該大多數的男人與我有相同看法吧？男人的審美觀是會隨著年齡增長以及社會脈動而有所改變的。

在我十多歲的時候，是張雨生高唱〈我的未來不是夢〉正火紅，而在街上來回穿梭的『名流一〇〇』一定要加裝音響喇叭播放王傑經典歌曲〈一場遊戲一場夢〉的年代。

如果你問當時少男的夢中情人是誰，十個大概有八個會害羞的回答：『酒井法子』，當然其中也包括我在內。

雖然清純可愛的她本人遠在東瀛，但她那美麗倩影在當時台灣卻是無所不在的……從每間理髮廳的牆壁上一直到機車後頭的擋泥板上，到哪兒都能看得到酒井法子她那甜死人不償命的笑容。

是的，十多歲時的我，喜歡臉蛋清純可愛的女生。

初戀對象的她有著一雙圓圓的大眼睛，戴著圓圓的金邊眼鏡，一張圓圓的臉笑起來好甜好可愛，她絕對稱不上苗條，也許還可以算得上壯碩，而且她的蘿蔔腿在努力的遮掩之下仍然是非常明顯，但這一切都無法影響到她的美……

你說這是情人眼裡出西施？

那你就大錯特錯了，根據當時班上女生所發起的『二〇五班十大美女票選』結果，可愛的她可是高票當選第一名呢！

老實說我實在不懂為何學校裡的女孩子老是喜歡搞什麼『十大美女』、『十大帥哥』、『十大賤人』之類的票選活動，雖然我得知自己在帥哥票選是第五名時，心裡其實還滿爽的……

那時候的小男生最喜歡女孩子有明亮的大眼睛及可愛清秀的臉蛋，不過我喜歡她的原因並不只有外表而已，她除了課業成績優異之外，最重要的是她也和酒井法子一樣都非常會畫畫。

她很會畫漫畫，經常代表學校參加校際繪畫比賽，因為那時的我也很愛畫圖看漫畫，還曾經計畫和同學在班上自己發行連載功夫漫畫，所以她的這項才藝自然在我心中加了不少分數……

青春年少時期的我，會心動的女人之美就是這麼單純而天真。

然而男人在年過三十後，心態卻是完全變樣了……

對成熟男人而言，女人畫圖畫得好還不如化妝化得好！

男人間經常會出現這樣的話：

那個女人臉蛋好正點，可惜胸小腿不夠長！

那個女人臉蛋真抱歉，還好身材真是正點！

是的，光是只有明亮大眼睛和可愛鵝蛋臉，已經無法滿足我們這些貪心的成熟男人，當我們從青澀少男變成滄桑男人後，我們看女人不再是從眼睛臉蛋開始，相反的，改成先從下面再往上面看……

我們先看小腿是否勻稱，因為根據我們多年經驗判斷，小腿長得漂亮，身材肯定不會差到哪；接著再看胸部的線條曲線，並不是長得雄偉就好，比例與線條優美才是重點；最後才看整體的造型與打扮，臉上的化妝適合與否，身上的穿著性感與否，V字領夠不夠低，裙長夠不夠短……

至於才藝的部分，拜託……有這麼重要嗎？

又不是參加環球小姐選美還是『我猜我猜我猜猜』節目的美少女選拔，你真的認為我們男人會把那些女人全身扒個精光，叫她們光著身子畫著素描或是彈著古箏，還是一邊表演雙腳頂米缸，然後一邊跟我們做愛嗎？（雖然我承認這個構想還挺不錯的……）

我們男人年紀越長就越不滿足，臉漂亮、腿修長還不夠，最好是皮膚要光滑、氣質要高雅、舉止要性感，有沒有才藝無所謂，至於個性合不合……

媽的，能把到這種女人已經是上輩子勤於修橋鋪路做善事才能換來的好康，你還管他個性合不合！

而且電視上的兩性專家不是說過愛情是需要磨合的嘛，萬一真的合不來，至少曾經擁有，不用天長地久嘛……

親愛的妳可能會覺得我們男人太貪心又太肉慾？親愛的，相對的也請妳設身處地為我們想一下，在現今的這個競爭社會中，我們男人想要吸引妳的注意，妳也會先看一下他有沒有陽光帥氣的外表，有沒有顯赫的家世背景，薪水還有沒有升值空間，上班有沒有進口車代步，說話有沒有台灣國語，站起來與躺下來有沒有比妳高，爬幾層樓梯有沒有喘吁吁，有些經驗老到的女人，還會看看他有沒有和父母住在一起……

就像這樣一堆『有沒有』的標準規格套用在我們身上，麻煩請妳說句公道話，比較起來到底是誰比較貪心？不然妳真的以為台灣男人這麼想要娶越南妹和菲律賓妹做南洋外交嗎？

親愛的妳，我得說妳每到百貨公司周年慶期間就不顧一切的為了特價保養品在人潮裡衝鋒陷陣是值得的，妳砸大錢繳年費並且犧牲假期時間在護膚中心做全身SPA是正確的，妳每個月定期閱讀流行美妝資訊來學習最新的美妝知識是明智的……因為這是延長妳們『武器』有效期限最好的方法！

男人的完美女人只出現在雜誌封面裡，女人的完美男人則只出現在偶像劇裡。

阿飛戀愛行銷講座

男人在年過三十後，心態卻是完全變樣了，我們看女人不再是從眼睛臉蛋開始，相反的，改成先從下面再往上面看！

但是親愛的，妳也會把一堆『有沒有』的標準規格套用在我們身上，麻煩請妳說句公道話，比較起來到底是誰比較貪心？

你愛我哪裡？

女人總是喜歡問我們男人：『你愛不愛我？』

經過長年累月的實地訓練及幾次慘痛經驗後，男人已經能夠迅速確實的回答：『愛！』就像是當年還在當大頭兵的時候，被教育班長喊到自己學號一樣的自然。

有經驗的男人還知道回答不能太快或太慢，大約在心裡默數一秒為標準，而且臉上一定要帶著不純就砍頭的笑容，最好再來個不甜不用錢的熱吻，把這個ＳＯＰ標準程序做完保證過關。

但有些道行更高的女生是不會就這樣善罷甘休的，她們會接著用著充滿濃濃愛意的眼神再問我們：『你．愛．我．哪．裡？』

這是個邪惡、可怕且充滿陷阱的問題。男人怎麼回答他愛的是什麼部分都很危險，如果我們自以為是標準答案的回答：『小傻瓜，當然是愛全部的妳啊。』

接著只會換來炮火四射：『敷衍！騙子！不用心！不夠愛我！』讓我們碰了一鼻子灰，慘一點的，可能當天晚餐自己解決，今晚上床休想碰到老娘一根寒毛。

事實上，男人就像我在〈男人其實很關心妳〉那篇文章中所提到的，我們的腦容量十分有限，反應通常比不上吳宗憲。

『你愛不愛我？』這種是非題對於我們而言很簡單，但碰到像是『你愛我哪裡？』這種申論題，通常是覺得非常棘手的。

男人心中其實有一個標準，清楚的區分著喜歡與不喜歡，愛或不愛，是朋友還是愛人，很少會有模糊地帶。

而親愛的妳所看到男人愛搞曖昧的情形，其實都只是表面而已；當他肯牽著妳的手，摟著妳的腰，走在人潮洶湧的街上，或是在電影院外頭等著排隊買票，多半就是代表他是愛妳的，不然他不會冒著生命危險做出這樣的舉動。（別問我為何會有生命危險，這是男人間不能說的秘密。）

愛情這玩意本來就是很奇妙的，愛上就是愛上了，大部分是『瞎貓碰到死耗子』、『梁山伯遇到茱麗葉』，很難能夠說出真正的原因。

如果妳問我們台灣為什麼不能加入聯合國，我們大概可以滔滔不絕的說上十分鐘，還可以奉送回答妳什麼是聯合國常任理事國，哪五國是常任理事國；但是妳問我們關於愛情的申論題，這可就不是男人的拿手課目了。

我們當兵時唱軍歌答數時都要喊：『雄壯、威武、嚴肅、剛直、堅強、勇敢……』

當妳要我們回答：『愛與不愛？愛哪裡？』時，那我們就會變得不雄壯、不威武、不嚴肅了……

我想男人都不希望自己變成『娘炮』，所以回答起來通常是非常彆手彆腳。

愛妳，對我們男人而言，就像是蘋果一定會從蘋果樹上掉下來一樣，是天經地義的事情。

我愛妳哪裡？

也許是妳那明亮有神的雙眼，可能是妳那閃死人不償命的美腿，或者是妳那活潑開朗的個性；但那些都不是我們唯一愛妳的理由，或許妳不是我們心目中的百分百女孩，不過妳不必完美，只因為我愛妳……

阿飛戀愛行銷講座

可以肯定的是，如果妳不再問：『你・愛・我・哪・裡？』

我想至少是我們心目中90%的女孩！

親愛的，妳是最美的

親愛的Cat：

妳說自己的右眼雙眼皮不夠深，問我如果去割深一點，眼睛會不會比較有神。

妳說不滿意自己的鼻子，雖然許多人都說妳有個福氣又帶財的鼻子，妳卻自認鼻型還不夠美。

妳說自己的手臂太粗，讓妳不敢穿無袖的衣服上街，如果手臂能瘦一點會更好。

妳說腳上那雙長筒靴找了好久才有適合自己穿的，全是因為妳的小腿太粗才會這麼難找，如果腿也能細一點那該有多好。

妳還說媽媽欠妳十公分的身高，如果自己能再長高十公分那就更加完美了……

是這樣子的，我得老實說，我們男人都說內在很重要，但是事實上女人沒有足夠吸引人的外表，通常也很難讓我們男人去注意到妳的內在。

我能了解妳們女人對於外型美麗的追求是永無止盡的。

我也相信有些女人就算她即將餓死，如果在她面前擺了大餐及化妝組，只能讓她選擇一種拿走，她也寧可選擇化妝組好好的打扮自己，就算是要死了，她也要死得美美的。

外表很重要，但男人其實更在意相處的感覺。

親愛的Cat，美麗其實是一種有『有效期限』的武器，而妳那溫柔體貼的個性以及親切甜美的笑容才是妳真正吸引男人的致命武器。

人家說『自信才是美麗的源頭』是有道理的。

妳不滿意自己的外型，在我看來其實是多慮了，妳需要改變的部分，不是眼睛也不是鼻子，而是妳的心態才對。

雖然男人都是視覺動物，但是如果有一天，每個女人全都變成身高一七〇、胸圍三十四C、玲瓏有致、性感迷人，妳覺得自己勝過其他女人的地方會是在哪裡？

不可否認，注重外表、適當打扮是取得別人好感的方式，但是真正讓男人決定是否願意認真交往，卻是取決於妳的智慧與個性。

男人通常會在暗地裡把女人簡單分成兩種：『觀賞用』及『居家用』。那些外表光鮮亮麗、沒事就往美容院跑卻會把『挑染』講成『飄染』或者把『打薄』講成『打包』的女人，我們男人通常只會把她們當成玩玩就好的對象而已，要我們找這樣的女人當成未來的伴侶，基本上是一個很大的賭注，畢竟要我們當一輩子的國文老師，這可是一件要人命的事情。

而真正會讓男人當場買單外帶回家的女人，永遠都是那些與我們相處最融洽、與趣最接近、內涵最豐富的女人，當然，也許還會再加上爸媽最滿意這點。

在愛妳的男人眼裡，妳永遠都是最美麗的女人

親愛的Cat，妳還記得第一次要坐高鐵去高雄玩，就讓妳在前一晚興奮到睡不著

嗎？

妳還記得每一次坐完摩天輪後，妳就會開心的高喊：『好滿足！』嗎？

其實快樂滿足就是這麼簡單，男人其實沒有妳想像中的那麼挑嘴……

是的，我承認我們確實很想娶到首富的漂亮獨生女，確實很想把到雜誌封面的性感名模，當然也不是完全不可能，但是我們自己很清楚，夢想成真的機率，應該是比站在大太陽底下被雷劈到還要低很多吧？

況且我們大部分的男人，通常沒有金城武的帥氣，也沒有郭台銘的闊氣，當然也就不敢鬧脾氣，膽敢要求自己的女人美麗動人還要兼具才氣……

妳知道嗎？

在愛妳的男人眼中，經過愛情的甜蜜糖衣包覆之下，妳的臉龐看起來是可愛迷人的，妳的身材看起來是性感撩人的，不……應該要說妳的一切看起來全都是完美的。

所以妳不用有濃眉大眼，不用有櫻桃小嘴，也不用有高䠷身材，更不用有性感聲線，就已經足夠讓他高喊：『與妳在一起，好幸福！』

阿飛戀愛行銷講座

男人其實沒有妳想像中的那麼挑嘴，

沒有金城武的帥氣，也沒有郭台銘的闊氣，當然也就不敢鬧脾氣……

因此，美麗的標準永遠無法定義，但幸福的標準則是由我們自己來定義。

心有距離，才叫遙遠

到底多遠的距離才算得上是『遠距離戀愛』？

曾經有女性讀者來信給我，信中抱怨因為距離的關係，她與男友不能經常相見，只能每天靠著網路或電話連絡，讓她非常的思念對方。

後來我才知道，原來這對情侶分別是住在『蘆洲』和『板橋』，並不是『佛州』與『康橋』……

所以我想多遠的距離才是遠距離戀愛，是會因個人感覺而有所不同。

在一般人的眼中，蘆洲與板橋的距離，大約只有半個小時的車程，怎麼稱得上是遠距離戀愛？但是也許在某些人心裡，只要是沒有辦法每天見到對方，對他而言，距離就已經感覺好遙遠。

網路的發達及交友網站的興起，造就了不少的遠距離戀愛。

社會的高度競爭之下，選擇出國就業或者出國留學的比率也日益增加，自然也形成了不少遠距離的戀愛。如果兩人都在國內，通常至少一個星期或是一個月就會有見面的機會，但如果兩人都在異國，那就得非常費心的維持這段感情。

我在多年前曾經聽過以前同事的愛情故事，她在家人的要求與堅持之下，被迫出國深造。

那時她的男友則還是在國內工作，在留學期間，男友每天都會與她通電話，基本上他們是把國際電話當成市內電話在講，用電話熱線來努力維持著雙方的感情。

兩年之後，她取得學位回國，不久就決定嫁給這個等了她兩年的男友。

後來她才知道，老公當時與她講國際電話的費用，加起來都已經足夠支付一間小公寓的頭期款了，原來她老公在她留學的那兩年，一直過著省吃儉用的生活，而電話費用其實就是他最大的開銷，但他仍然甘之如飴，最後終於得到美人心，現在過著幸福的婚姻生活……

另外一位讀者也向我提到她自己的愛情故事：她目前正在澳洲留學，在出國前夕，男友因為不諒解她決定出國求學，向她提出分手。半年之後，男友在MSN告訴她，自己很後悔當初因為無法接受她出國而要分手，希望能夠與她重新復合，也願意等她學成歸國。

這位讀者問我該不該再給男友一次機會？我覺得這個相隔兩地的時間，正是考驗彼此感情的機會，我告訴讀者不如就當成有一個還不錯的對象，重新開始再認識彼此……

遠距離戀愛確實是辛苦的，要能忍受得住思念對方的煎熬，也要能抵擋愛人不在身邊的寂寞，還要對彼此有信心、能信任對方，才不會因為一兩天沒連絡到對方，就開始心神不寧、疑神疑鬼。

最重要的是，彼此都要能用心經營這段感情，不會因為日子一久，雙方的感情就愈來愈淡薄……時間，將是你們愛情最後的決定者。

其實無論雙方的距離有多麼遙遠都不必害怕，真正令人害怕的，是你們心的距離。也許兩人相隔在兩地，但是彼此深愛著對方、信任著對方，那麼就算距離再遠也沒有什麼好怕的。

但相反的，就算是兩人同床共枕而眠，卻各有所思，不再關心對方的感受，兩人雖然近在身邊，心卻已經有了天地之遙，這樣其實才是真正會令人覺得可怕的……

Mark有一天回家後，他媽媽忽然問他：『你最近是不是和女友吵架了？』

他很訝異媽媽怎麼會如此問他，因為他和女友並沒有什麼不愉快或是爭吵，後來才了解，原來他與女友最近的互動，在媽媽眼裡看來，似乎已經不再像是情侶該有的行為。

仔細回想，他與女友已經很久沒有一起牽手逛街，很久沒有為了某件事相視而笑，很久沒有關心她工作的近況，很久沒有在吃飯時為她夾菜，很久沒有與她在睡前親密聊天……

他才驚覺，原來自己與女友的心已經距離如此遙遠……

無論距離多麼遙遠，只要拉近彼此心的距離就不再令人感到寂寞……

這是一對遠距離戀人的對話……

『這裡飄起大雪來了，我忽然想起了在台灣的你……』女說。

『那裡的雪很美吧？如果能和妳一起看著飄雪，那一定是件幸福的事。』男說。

『雪已經越下越大，我想很快就會積雪了，好希望你能在我身邊。』女說。

『我會一直在妳身邊的。雖然我們現在的距離很遠，但是我的心卻靠著妳很近……』男說。

用5句話就搞定男人

妳們不要老是說我們男人是視覺動物，或者說我們只會靠下半身思考，感覺上好像男人其實都應該住在動物園裡頭才對。

事實上，對男人而言，除了視覺之外，聽覺對我們來說也是非常重要的，無論是好聽的聲音、動人的音樂還是讚美的話語，男人都會非常享受其中。

親愛的妳，如果認為自己沒有甜美動人的聲音也沒關係，那就多多對妳的愛人說些讚美的話吧！

不要怕會寵壞我們男人，根據報導指出，行為心理學家曾經證實：『女人越誇獎男人，他就會越努力讓妳的誇獎實現。』

所以親愛的女性朋友們，千萬不要吝嗇於給妳的男人讚美，相信妳也可以得到等值的回報。

這邊列出我自己個人最愛聽的五句話，提供給親愛的妳參考，相信用來對付妳的男人已經十分夠用了。

如果有機會遇到阿飛，請妳也要記得多對我說，我相信各位都是佛心來的，功德無量啊……

例句1：哇，你怎麼這麼聰明啊！

也許男人這樣對女人說，可能代表她的長相有待商榷；但相反的，男人聽到這種話可就不同了，這代表著他的各項戰鬥數值全面上升，男人對於自己腦袋容量及工作能力是非常重視的。

當我們聽到這句話，心裡一定會ＯＳ：果然，知我者○○也（○處請自行填入妳的名字）。

例句2：我覺得你很有男人味耶……

先不管他的長相如何，男人聽到這種話，自信心馬上加了五十分。

這代表了他的男性性徵足以迷倒眾多女性，不用再花錢買電視廣告經常出現的『男人味沐浴精』，反正洗了也不可能真的變成吳彥祖。

當妳在他外表實在找不到任何值得誇獎的地方時，這絕對是可以立刻派上用場的萬年不敗台詞。

例句3：跟你在一起，很有安全感……

男人的天性就是愛當英雄，認為保護女人或家人是自己的天職，巴不得自己就是超人、史艷文還是科學小飛俠，可以行俠仗義、保家衛國。

可惜的是，我們男人通常只能靠著好萊塢的英雄電影來滿足自己的夢想。

當男人聽到女人這麼說，立刻感覺自己從武大郎變成武松、鮪魚肚變成六塊肌，恨不得可以保護親愛的妳一輩子。

例句4：哈哈，你真的很幽默！

我們男人自己很清楚，有幽默感的男人總是特別吃香，無奈的是幽默風趣卻是與生俱來的，後天惡補來的冷笑話只會讓人覺得無趣，而不是風趣。如果下次他再對妳說這種老梗笑話：

一個有錢的男朋友問女友：『如果我沒有錢，妳還會愛我嗎？』

女友深情款款的回答：『你有沒有錢，跟我愛不愛你一點關係也沒有啊！』

男友聽了非常感動，把女友抱在懷裡……

這時女友又說：『這不是跟我們分手才有關係嗎？傻瓜。』

麻煩委屈親愛的妳擠出一點笑容，畢竟他也是努力地想讓妳開心啊！

例句5：你的眼睛很迷人……

男人和女人一樣，對於外表也是同樣重視的，無論是眼睛、鼻子、嘴巴、頭髮還是身材，找個值得誇獎的部分來稱讚他吧！

當然，妳不能講得太誇張，明明我的眼睛小到經常被老師誤以為上課都在睡覺，妳還偏要說我眼睛又大又有神。

明明我的頭髮已經稀疏到想哭，想要拿後面頭髮梳到前面來都蓋不住，妳還硬要說我頭髮有型有個性。

誇獎的誠意是很重要的，找個真心喜歡的部分吧，如果實在真的找不到，麻煩請參考例句二，謝謝！

阿飛戀愛行銷講座

不要怕會寵壞我們男人，

行為心理學家曾經證實：『女人越誇獎男人，他就會越努力讓妳的誇獎實現。』

男人也不是單純的視覺動物，

不信妳問男人：看三級片只有畫面卻沒聲音，會有反應嗎？

女人，妳可以不用太堅強

Dear Julia：

妳上星期告訴我，妳之前利用轉換工作跑道的空檔，去了一趟國外旅行好好慰勞自己。

假期結束返回台灣時，男友非常體貼的開車到機場來接妳，在車上他還非常窩心的順道告訴妳外頭已經有了別的女人，而且更貼心的是他還表明將要選擇對方而決定離開妳。

原因是那個女人比較柔弱再加上有個幼小的女兒要撫養，所以非常需要男人的細心照顧，而相對於那個柔弱女人，妳一直以來都是一個獨立堅強的自信女人。

他相信妳就算沒有他，妳也可以過得非常好，真的是充分展現了他善解人意、悲天憫人的男兒本色，沒有枉費妳對他的欣賞。

親愛的Julia，妳一再強調告訴我這些話完全只是閒聊，完全沒有任何訴苦及求助的意思。

雖然我們認識才不久，但我十分確信妳真的是個『偽堅強』的女人，就算心裡難過，也不會在親友面前表現出來，我也確實相信妳一定可以自己過得很好……至少在外表上看來是如此。

妳問我男人是不是都比較喜歡柔弱的女人，當時我只是單純告訴妳並不是如此，但事實是這樣的……

相較於那些需要我們男人投入財力、物力及時間去細心呵護的女人，我們其實還是比較願意選擇可以讓自己少奮鬥二、三十年的女人……

就男人的天性來說，確實是有著喜當強者的英雄主義心態，從小男人就被教導要有鋤強扶弱及保家衛國的觀念，而照顧女人更是男人的天職之一，所以我們男人小時候的志願除了要當上總統之外，大概就是夢想成為科學小飛俠以及雲州大儒俠史艷文為最大宗了。

然而長大後我們才會發現，現實生活並不是地球人想像的這麼簡單……除了少數幾位練就睜眼說瞎話的政客可以當上總統之外，我們大多數男人是幹不上總統那個位子的，倒是偶爾可以去坐一趟國道客運的總統座椅過過乾癮。

我們也沒有門路去應徵科學小飛俠的職缺，更不可能有一台能夠上天下海的鳳凰號可以坐，不過確實有不少人得要每天辛苦的坐自強號通勤去上班。

至於雲州大儒俠史艷文，如果真的像他一樣這麼重視忠孝節義，這麼在乎禮義廉恥，我想應該也很難在這個功利現實的社會繼續生存下去吧？

在這個注重女權的時代，女人的能力越來越受到肯定，地位也越來越高漲。相形之下，我們男人的地位則是逐漸式微。於是照顧女人這個天職都已經快被男人給遺忘了，只能靠著英雄電影的橋段偶爾提醒一下自己，原來我們除了交配繁殖之外，偶爾還有照顧女人這項功能……

我們經常聽到男人只要管女人太多，或是對女人說話大聲一點，就會被扣上『大男人主義』的帽子。

但是在現實生活中，其實也有很多會管她的男人像是管犯人，罵她的男人跟罵她家的狗沒什麼兩樣的女人，不過就是沒有聽人家說過什麼『大女人主義』，這樣對於那些經常咬著棉被暗自哭泣的男人而言，其實也是非常不公平的。

親愛的Julia，雖然我們男人真的很羨慕阿公老爸那個『男人是天』的年代，但是我們其實很有自知之明也已經認清現實，在這個油價動不動就要破百的年代，我們大多數都不是含著金湯匙出生的『小開』，也不是家扶中心的公益義工，與其找個需要我們費心照顧的女人，不如找個可以與我們一起努力奮鬥的女人還比較實在點。

不過我還是得要提醒妳，我知道妳向來是做口碑的，但在愛情裡還是偶爾需要『靠悲』的。

所謂的『靠悲』，就是懂得適時裝可憐、假柔軟。

妳在眾人眼中是個工作強勢、自信獨立、成熟懂事、開朗大方的女人，我相信妳在愛情裡應該也是表現得如此。

可惜的是，在愛情裡，男人是不喜歡對方太強勢的。

有些女人會規定男人每月存多少錢，今天出門穿什麼衣服，睡覺應該是什麼姿勢，哪位朋友是不可以來往的……

但是請妳要了解一下，我們男人其實是想要找老婆，並不是想要找另一個老媽啊！

有些太過獨立的女人凡事都可以自行搞定，小至加裝家裡電腦的快閃記憶體，大至地下錢莊登門討債，統統不假手他人完全自己解決，男人完全無用武之地，這樣其實也沒有什麼不好的，只不過會讓妳的男人覺得自己像是聖誕樹上的裝飾品，而妳有沒有他的存在都無所謂。

親愛的妳，也許應該學習偶爾演一下悲情內心戲，讓對方覺得妳也是需要被呵護，而他的存在對妳是必要的，畢竟妳的幸福還是遠比口碑來得重要啊……

親愛的Julia，妳沒有告訴我，當時男友在車上貼心的告訴妳外頭有女人的時候，你們的車子有沒有在高速公路上表演緊張刺激的高難度甩尾動作，或是上演成龍電影裡經常出現的驚險跳車特技動作。

不過我想答案應該是否定的，因為依妳的個性看來，妳一定是含著眼淚帶著微笑故作堅強的告訴他，還好是你先提，老娘早就忍你很久想要分手了……

我只能說，妳真是太成熟懂事了，妳那位善解人意悲天憫人的前男友現在一定十分感念妳的明事理及識大體吧。

誠心的希望妳的好口碑能夠換來好姻緣啊……

總是賣友求文已經快沒朋友的阿飛　敬上

阿飛戀愛行銷講座

堅強的女人與柔弱的女人，就如同連身套裝與性感內衣，
如果妳要男人選擇，我們會選擇把連身套裝脫到只剩性感內衣……

愛情也該有停損點

Dear Carlo：

妳前陣子告訴我，妳那個該死的男友已經變心了，向妳坦承他外面已經有別的女人。

但妳還是很愛他，妳問我是不是應該對他更好、更體貼、更聽話，才能挽回他的心。

身為妳的朋友，我只能說：『清醒點吧，妳這個傻妞！』

很抱歉我必須這麼說，當他已經不再愛妳，妳無論再對他多麼的示好，在他眼裡只不過像是隻搖尾乞憐的母狗，只是躺在他床上的一塊肉，完全引不起他的興趣。

愛情其實有點像是藝術品，其中價值沒有一定標準，當初妳在他心裡可能就像那無價的『蒙娜麗莎的微笑』一般，高貴非凡，值得收藏保護。

但現在情形已經不同了，也許妳現在對他的價值，已經與家樂福家飾區架子上的『水果盤油畫』沒什麼兩樣，隨時想換就換掉。

該是妳認賠殺出的時候了！

號稱『基金小公主』的妳應該很清楚股票的操作，每個人對於股票基金都有自己所設定的停損點，一到停損點就認賠賣出。

其實，愛情也是如此啊，現在應該就是妳這段感情的『停損點』，別再越陷越深、越賠越多了。

什麼是愛情的停損點？

當妳問你們之間到底出了什麼問題時，他告訴妳外面已經有了女人。

當妳要去醫院驗孕的時候，他說沒空陪妳，要和哥們去喝酒。

當妳告訴他妳有了，他介紹妳一個『夾娃娃』口碑很好的醫生。

當妳傷心難過放聲大哭的時候，他還在看著『康熙來了』放聲大笑。

當妳還在經痛體虛的時候，他叫妳出去買啤酒順道買包煙。

當妳被菜刀劃傷流血不止的時候，他還坐在電腦前ＭＳＮ聊得很愉快。
當妳和他相處一整天，兩個人對話不超過三句話的時候。
當妳生病住院的時候，他打電話來只是問妳襪子放在哪。
當你們兩人一星期沒見面，他連一通電話簡訊都沒有。

阿飛戀愛行銷講座

現在應該就是妳這段感情的『停損點』，別再越陷越深、越賠越多了。
每個人停損點設定的高低都不相同，
當妳認為自己不再快樂，就是拉警報的時候。

交友網站的生態

交友網站的出現，對於男人而言，應該算是僅次於Pub、Lounge Bar的本世紀最偉大發明了。

我們不必再喝酒喝到爆肝，不必花大把鈔票請美眉喝酒，上網打字重新被賦予新的生命，老婆或女友還會認為我們埋首在電腦前努力工作，重點是交友網站還可以幫我們篩選好資料，這可是夜店所辦不到的功能啊！

如果男人告訴妳，他上交友網站只是單純的想找一個心靈相通的好友，絕對與檔案上面的露半顆奶子的煽情照片還是清純可愛的美女照無關……

那他真的是在放屁！

想要找尋心靈上的朋友，上教堂作禮拜或是去法鼓山打禪，還可能比較快一點吧？

不管是好人卡、壞人卡，男人上交友網站的目的當然是要認識美眉啊，難不成把它當成人力銀行找工作？還是當成學校論文的研究報告？或是去蒐集行銷計畫的市場調查？

交友網站的男女交手，有如是孫子兵法的完美實踐戰場。

傑克說：『女人體重超過六十就算是恐龍。』

珍妮說：『男人身高不到一七〇就算是殘廢。』

於是，在交友網站大部分女人檔案上的體重都會自動扣掉四肢的重量，真的就只剩下『體重』；而男人的身高也會自動上探五公分，因為把頭髮吹高真的就差不多啊。

然後每個人的簡介忽然全變成男的『斯文有禮』，女的『高貴典雅』，個性也變得『單純率真、溫柔婉約、羅曼蒂克……』好像全忘了今天出門才踹了流浪狗兩腳，上班塞車時沿路罵著三字經。

另外，大夥的興趣也忽然喜歡起閱讀詩詞歌賦、熱愛運動踏青、偶爾還會利用假日去參加愛心慈善活動，完全忘了現在正因為昨晚上KTV喝太多還在宿醉中……只能說：『傑克，真是太神奇啦！』

不過交友網站還是有正面意義的，因為它促進了社會大眾快速的電腦資訊化。

原本是電腦白癡的女人，現在已經會使用複雜難懂的PhotoShop影像編輯軟體，用來修去痘痘黑斑、調整膚色、加深乳溝線條；用相機自拍時，還懂得運用特定的角度能讓自己的臉蛋看起來小而美，個個都是瓜子臉。

而男人們則懂得運用『複製再貼上大法』，以大量的留言換取命中機率，也學會拿著言情小說摘錄段落來寫日記；開始勤練體格，好讓照片上的肌肉越嚇人越好，彷彿上交友網站的女人挑男人跟買豬肉沒兩樣似的……照片背景如果還有一輛雙門跑車，那就更加完美了。

另外，我經常看到女人們交友檔案的自我介紹寫著：只是單純想來結交不同領域的朋友，或者單純只是無聊上來『晃晃』而已。

真是見鬼了！

那妳的擇友條件幹嘛還設定『碩士以上、身高一七〇～一八〇、帥氣挺拔、陽光健美』，最好還是巨蟹座（聽說比較顧家）？

那妳幹嘛還放一張明明精心修過圖的爆乳性感照片，難道只是單純來吸引『人氣指數』？

如果是這樣的話，那乾脆去參加『我猜』的美少女選拔還是人氣ＯＬ選拔就好了，不用在網站上欺騙無數單純少男的心靈了。

珍妮說：『哼～男人四處留言要求一夜情，根本就是性飢渴。』

傑克說：『哎唷～誰叫妳的露奶性感照，超像聊天室裡的援交妹啊。』

交友網站上的女人檔案，對於部分男人而言，簡直就像是資源豐富的『尋歡名冊』。

有些在現實世界根本不敢開口把妹或要求一夜情的男人，在交友網站這個虛擬世界可就完全不同了，如魚得水，有如猛獸出閘，留言拚了命去貼，貼了一整晚也不嫌累。

為什麼他們這麼無聊？

因為不用面對面，不用怕被拒絕，而重點是，還真的找得到啊！

我問過幾個男性朋友，男人在交友網站大部分是不會看女人的自介、日記，幾乎只看照片就定生死，充分落實了『視覺動物』的習性。

奶子露得越多、眼神越挑逗，越能激發他們貼留言的欲望，管她理不理我，先貼再說，誰能保證她哪天不會剛好性飢渴？

現在社會養成了人們的『速食文化』，連對愛情、對性愛也變得速食，我們已經習慣了不用面對面的交談，連坐在同辦公室的同事都只用ＭＳＮ談事情，把妹不再問電話而是要她的ＭＳＮ，交友網站的便利也更加速了人們情感上的冷漠與速食化……

男人們把妹也開始捨棄掉問星座、問興趣的鋪陳話語，習慣的直接問要不要出來。妳不要，那我再找下一位，這個ＩＤ被列為黑名單，我就再換另一個……

而女人呢？

不要怪男人沒水準，淨是在留言板留些不要臉的性暗示語言，請先看看妳自己的照片、自我介紹及日記夠不夠水準吧……

阿飛戀愛行銷講座

現在社會養成了人們的『速食文化』，連對愛情、對性愛也變得速食，

我們已經習慣了不用面對面的交談，

連坐在同辦公室的同事都只用ＭＳＮ談事情。

人與人的互動，不該只是『人氣指數』與『點閱指數』而已啊……

豬八戒才是女人的最愛

我想大家對於《西遊記》這部中國經典文學一定都非常耳熟能詳，而故事中費盡千辛萬苦要前往西域取經的唐三藏、孫悟空、豬八戒以及沙悟淨，這師徒四人也是家喻戶曉的人物。

但是沒想到那個好色、貪吃、懶惰的豬八戒居然會是女人的最愛，一定會讓很多人感到驚訝，甚至覺得根本是胡說八道。

女人最愛豬八戒，這可不是阿飛自己隨便亂謅的。

我記得在很久以前在網路上看過一項針對女性所做的調查項目，題目列出了《西遊記》中的四位主人翁來讓女性選擇出自己心目中的理想對象，結果最高票的就是豬八戒，而且足足比第二高票的孫悟空多出五、六倍的票數，贏得毫不僥倖，而唐三藏不但是敬陪末座，票數還只有個位數而已。

親愛的妳一定很好奇為何結果會是豬八戒，而不是聰明活潑勇敢可靠的孫悟空，也不是忠厚老實善良忠誠的沙悟淨，更不是慈悲為懷堅忍不拔的唐三藏？

事實上，如果是由我們男人來選，首選肯定是法力無邊神通廣大的孫悟空，但是女人們會選擇豬八戒，當然是自有她的道理在……

選擇唐三藏？

女人說絕對不可能，每次遇到事情就只會唸阿彌陀佛，一點用處都沒有，那也就算了，還經常會把問題越搞越大，而且感覺上個性懦弱無能，需要別人的細心照顧，一點男子氣概都沒有，根本就是一個小白臉。

女人是喜歡被男人呵護的，雖然說有些女人天生母性堅強，會忍不住想疼愛需要被照顧的男人，但其實她們內心深處還是會渴望男人有個強壯的臂膀來讓她依靠；像那些遇到事情只會說一嘴的好方法卻不會去幫忙解決的男人，是最讓女人受不了的……

男人們，如果要比嘴賤、毒舌、碎唸，我們男人是鐵定比不贏她們女人的，女人需要的是一個可以照顧她及可以幫她解決問題的男人。

那沙悟淨又如何呢？

女人會說他是發放『好人卡』的首選。

他是師徒四人裡頭最任勞任怨也是脾氣最好的一個，忠厚又老實這點沒話說，善良又體貼這點也很值得誇獎，不過他太過聽話也太過木訥，這會讓女人覺得太無趣也太沒情調。

女人喜歡老實善良的男人，但是同時也希望對方懂得浪漫、懂得情趣，也許很多男人會說浪漫與情趣能當飯吃嗎？

我告訴你，對女人來說，就算不能當飯吃，浪漫情趣也是很重要的佐料，不然沒滋沒味、平平淡淡，一點都不美味，你能吃得下飯嗎？

那聰明可靠的孫悟空應該會喜歡了吧？

嗯，孫悟空確實很不錯，能力強又很聰明，可惜的是，女人卻會嫌棄他是一個工作狂，為了唐三藏出生入死、沒日沒夜的工作，眼中除了完成任務，其他任何事都容不下，而且一出差就是十萬八千里，難道要老娘在水簾洞裡枯等守活寡嗎？

女人欣賞崇拜有能力有頭腦的男人，但是對於事業心太重、工作太忙的男人卻是沒法接受，因為女人大多數是希望她的男人可以在她寂寞的時候能夠陪伴她，在她心情低落的時候能夠安慰她，在她身體不舒服的時候能夠照顧她，如果這幾點都做不到，那她要你這個男人是做什麼用的？

於是豬八戒就成為師徒四人之中的女人首選……他雖然長得不稱頭，但是很可愛，對待女人又溫柔體貼，儘管有點油嘴滑舌，可是懂得甜言蜜語。

雖然個性投機取巧，但是這年頭，這樣在社會生存才不會吃虧，也許是有點懶散，不過懂得享受生活也挺好的啊！

像豬八戒這種懂得向女人獻殷勤又會看女人臉色的男人，是最讓她牽腸掛肚，最讓她心花怒放的男人。所以女人不一定要對方家財萬貫，不一定要對方乖巧聽話，不一定要對方能力卓越，她要的是一個懂得討她歡心、能夠了解她心情的男人。

豬八戒雖然其貌不揚，仍然高票當選女人的最愛，由此可見女人與男人的擇偶觀是有所不同的。

女人相對於男人，雖然外表也是在考量的條件之中，但是溫柔體貼、幽默風趣的個性才是最能深得女人心的條件。

所以男人們下回在路上再看見美女依偎著野獸，不要再吃驚，也不要再暗自咒罵，想辦法讓自己成為豬八戒吧！

而男人呢？

我想性感迷人的『蜘蛛精』仍然是首選吧，誰教我們男人都是視覺動物呢……

阿飛戀愛行銷講座

唐三藏：『八戒，不得無禮！』

豬八戒：『師父，其實她們就是愛我這麼無禮呢……』

為什麼妳找不到男朋友？

我有一個認識多年的好朋友，已經進入『三十拉警報』的時期，自從與前男友分手後，已經快兩年沒有任何的交往對象，雖然時常聽說她和男性朋友出遊或是同事好友介紹對象，但就是沒有繼續交往的消息。

前陣子和她一起吃飯聊到感情的話題，順道看看有沒有合適的朋友可以幫她撮合一下……

『妳對交往對象有什麼標準啊？說不定我的朋友同事裡面剛好有適合的，可以幫妳介紹哦。』我試著問她。

『沒什麼標準啊，是個男的，看得順眼就行了。』看得出來她很應付性的回答這個問題。

『那上次在誠品信義店遇到的林老師如何？』

『啊，他太老了啦，我可不想早早成為寡婦，超過四十歲以上的一律不考慮！』

喂，人家林老師只是看起來比較成熟穩重一點，還沒滿四十歲耶……

『妳剛剛不是才說是男的，看順眼就好，怎麼一下就打掉一堆熟男了，那年紀比妳小的咧？』

『拜託好嗎？老公都沒著落了，幹嘛找個弟弟、兒子來受罪啊？我可不想老是照顧別人。』

年紀小的男人也有思想成熟又會照顧人的吧？而且人家也未必想找個媽媽吧？

『那Jacky還不錯啊，年紀跟妳差不多，剛從國外回來的哦。』

『還OK啦，不過都已經三十歲了，還沒有工作過，將來要做什麼也還不知道，對自己將來都沒有規劃，這樣一點保障都沒有，萬一變成我要養他怎麼辦？』讓妳養？我怕跟參加『飢餓三十』差不多吧。

『那我的好朋友阿炮還不錯，人好相處，工作是土木師傅，很努力工作，收入算是滿高的了。』

『阿炮我也認識啊，那我還情願選Jacky，他太「台」了啦，而且是做土木工程的，感覺上是個做苦力的工作，太沒保障也不夠稱頭。』

怎麼說阿炮也是我好友啊，幹嘛說成這樣。

『幹嘛看不起土木師傅啊？他們也算是台灣經濟奇蹟背後的無名英雄呢。』啊～福氣啦！

『那上次和小茹一起來的朋友，好像叫阿興吧，人家可是銀行的高階主管，白領階級又是高薪、高學歷，年輕有為，應該就很適合了吧？』

這下子應該是沒話說了吧。

『你說那個「蠟筆小興」啊，他臉上有個大胎記太難看了，而且眉毛這麼粗，我可不想晚上睡覺起床上廁所被嚇昏。』

人家也不過是額頭右邊有個面積不小的紅色胎記，還沒到會被嚇昏的程度吧？

『那坐他旁邊的同事呢？人家可是帥哥一個，看起來斯文有禮，很有教養的感覺。』

我不死心，總有一個看上眼的吧？

『那傢伙一整晚都沒笑過，也沒主動找人聊天過，感覺上不是個性太悶，不然就是太冷漠，我可不想將來一輩子這麼無趣的過日子。』

ＯＫ，這下我無言了，也搞懂了。

她的擇偶條件是：年紀要適合、職業要夠好、收入要夠高、外型要好看、個性要風趣隨和、還要懂得生活情趣……難怪她的男朋友這麼難找。

『那你的擇偶標準是什麼？你也很久沒交女友了啊。』她忽然問我。

我可不像妳這麼麻煩：『只要我喜歡她，而她也喜歡我就成了。』

她上下打量我一陣子後，認真地說：『你喜歡她這點好辦，但是要她也喜歡你，那就比較麻煩了，難怪你也找不到女友……』

哇哩咧……她也太傷我的心了……

阿飛戀愛行銷講座

要找滿分的情人太難，
找個八十分的情人，還比較有進步的空間……

罵男人可以，可是別罵上癮

『男人沒有一個是好東西！』瑪麗氣憤的大喊。

妳是不是和瑪麗一樣，只要一提到男人就忍不住想開罵？和朋友聊天的時候，只要聊到感情，妳會不會就心情大受影響？

或者朋友壓根就不敢向妳提起自己的新男友，因為妳總是不知不覺地開始批評男人，讓現場氣氛搞得像是在參加治喪委員會一樣沉重？

我了解妳的遭遇值得同情，我相信妳的前男友真的是個大爛人，大家也都很難過妳曾經在感情上受過傷。

但是造成妳傷害的那個爛人並不在現場啊，朋友們並沒有必要聽妳的抱怨與批評，其他的男人也不該同樣被罪誅九族啊。

我還聽過有些女人在與男人第一次約會的場合，會把現場搞得像是在立法院參加總質詢一樣，炮火猛烈，咄咄逼人……

你上次是為什麼分手的？你為什麼單身這麼久？你會不會劈腿？你說的話是騙人的吧？其實你只是想玩玩而已吧？你把身分證給我看一下好嗎？

一堆問題像連珠炮似的，把約會對象嚇得以為是在路上遇到警察臨檢，讓他不知所措，令人瞠目結舌，約會一結束馬上就洮之夭夭，從此不敢再連絡。

親愛的妳，不是每個男人都是爛人，不是每個男人都愛劈腿、愛說謊。我了解妳以前所遇到的男人都很糟。

但是請妳記得，妳沒有做錯，妳朋友沒有做錯，正在追求妳的男人也沒有做錯，妳沒有必要用負面消極的態度來對待自己與別人。其實我認為讓自己自信快樂的生活，才是報復過去那些爛男人的最好方法。

妳心目中的好男人也許已經不多了，如果妳持續用負面的態度、用尖酸的語氣，去對待每個對妳有好感的男人，我想再多的好男人也會被妳嚇得跑光光。

試著敞開心胸放輕鬆點吧，其實我們男人大部分也曾經在感情上受過傷，但是我們通常會喝掉幾箱啤酒，醉倒在馬路上幾次，也許再加上睡過幾次不認識的女人家裡之後，我們就能再次了解到其實明天會更好，下一個女人會更棒——

雖然不知道我們還能不能活到明天，不確定還能不能遇到下一個女人……

戀愛就像是學溜冰，
學會前我們總會摔個幾次。

用正面的態度去看待妳的前男友們吧！

如果不是他們，妳怎麼會知道上夜店，是用來放鬆心情的，而不是用來找到真愛的……

如果不是他們，妳怎會知道要搞定男人不是先搞定他的胃，而是他的下半身……

如果不是他們，妳怎麼會知道小鳥依人沒有用，收買親人、友人才是王道……

如果不是他們，妳怎麼會知道男人的哥兒們其實是有組織的犯罪集團，妳休想從他們口中知道男友昨天是否在別的女人家裡過夜……

我們在追尋幸福的過程之中，難免都會遇到幾次不幸的遭遇，但是我們也從中學習到追求幸福的技巧。

所以不該因為害怕再遇到不幸，進而逃避繼續追尋幸福，反而應該感謝那些曾經打擊妳傷害妳的人，讓妳知道什麼才是妳真正想要的幸福。

趕快停止妳以偏蓋全的想法吧，否則到最後，唯一有損失的還是妳自己，不是妳的前男友，也不是其他想追求妳的男人。

請記住，

好男人是用找出來的，不是用罵出來的。

說真的，我從來沒聽過男人會批評曾經傷害過他的女人，並不是說我們男人多麼寬宏大量，多麼有口德，只是我們知道與其把時間用來批評前女友，還不如把那些時間用來在交友網站留言給那些露奶小辣妹，或是打電話約朋友聯誼，還比較實在點。

相對的，妳也應該這麼做，不要浪費時間在批評男人這種無聊事上面，這樣只會讓妳和周遭的親友難過而已，一點用處也沒有。

給其他男人一點表現的機會，也給自己繼續追求幸福的機會吧！

也許妳朋友介紹的男人不夠稱頭，也許追求妳的男人妳不夠滿意，也許妳身旁的男性朋友統統沒有讓妳有想愛的感覺。但妳怎麼知道會不會因為這些人的關係，讓妳能夠遇到心目中的理想對象？

我有個女性朋友就在交友網站認識到一個男網友，後來相約見面之後，她反而與陪同男網友赴約的友人開始交往，現在他們兩人可是交往得非常甜蜜順利呢。

抱著悲觀態度、不信任男人的女人，就像是身上掛著『男人與公狗勿近』的牌子。妳是隔離了爛男人沒有錯，但相對的妳也阻擋了好男人的接近。

如果親愛的妳想繼續一個人吃飯，一個人在家看ＤＶＤ，那就無所謂。

如果妳不想再這樣孤獨的過日子，那就請妳試著改變看看吧……

阿飛戀愛行銷講座

罵男人，罵幾次就好，罵多了，只會讓別人想罵妳而已……

瑪麗：『男人都不是好東西，為什麼你們男人都愛說謊？』

喬治：『如果不說謊，怎麼讓妳們覺得我們男人是好東西？』

愛情的價格

他稱讚我看起來就是一個受到老闆重用的主管階層，我微笑否認，心想怎麼現在的運將開始會看客人的面相了？

他接著說自己曾經是一間貿易公司的老闆，但幾年前因為經濟不景氣、再加上被好友欺騙，因此公司經營不下去而倒閉，因為年紀的關係找不到適合的工作，為了償還龐大的債務，只好開始靠著開計程車來維持生計。

他得意的說雖然現在的大環境很不好，計程車這行也競爭非常激烈，不過因為他的英語能力還算可以，所以有些來自外商企業或是外籍人士的基本客源，每天的收入都還算穩定，一天工作十二小時大概還能有兩千多塊的收入，好一點的話，還曾經有一天五千塊的紀錄。

雖然距離還清債務仍然有一段很長的日子要走，他覺得已經很滿足，至少他的兩個孩子還可以安心讀書，他現在不求什麼大富大貴，只希望孩子們能夠無憂無慮平平安安的成長……

唯一遺憾的是，沒辦法給孩子們一個完整的家庭，因為他老婆在公司倒閉後不久，改嫁給他當年在商場上的一位朋友……

他問我結婚了沒有，我說沒有。

他問我有沒有女友，我也說沒有。

他笑著告訴我，說我看起來就是一副不想安定下來的樣子。

老實說，我真的很想告訴他：『大哥，你真的不太會看相，所以才會被朋友騙錢吧。』

他接著勸告我說：趁著還年輕，要多為未來打算，別只想著玩樂；要多存點錢，也不要因為聽到他的故事而對婚姻感到害怕，他並不怪他老婆，只能怪自己沒用，沒法給她一個安定幸福的生活……

『無論對方生病或健康，貧窮或富有，都要互相疼愛、扶持，直到死亡把我們分開。應視對方為此生唯一，也是最終的愛，有福同享、有難同當，有小孩一起帶，願意嗎？以此立誓。』

這是藝人陶晶瑩與李李仁的結婚誓詞。如果你已經走入婚姻，你還記得當初的結婚誓言是什麼嗎？而還未走入婚姻的你，有信心可以遵守結婚誓言裡的承諾嗎？

曾幾何時，我們的愛情已經與金錢畫上了等號……

女明星搶著嫁入豪門，管人家說什麼豪門深似海，總之老娘口袋削海比較重要；明明對方相貌堂堂、溫柔體貼、幽默風趣，卻因為薪水只有區區兩萬三千八含全勤，就會讓親愛的妳再三考慮是否交往。

如果妳身旁的他，至今仍然還是個窮酸鬼，縱使老娘追求者從未斷過，也還是對親愛的他不離不棄，就算是現在上夜市買東西都還要價比三家，就算是現在假日想去六福村都還要選擇夜間星光票時段，就算是現在偶爾想上餐館吃個浪漫晚餐都還要注意菜單上的價錢，妳完全都無所謂，願意陪著親愛的他一起度過……

親愛的妳，我得說妳身邊這位窮酸鬼是幸福的，能夠認識妳是他此生最幸運的事情，因為妳對他的愛情是無價的，是不能用金錢來衡量的。

也許你們偶爾仍然會為了某筆費用該由誰來付而爭吵，或許你們還是會為了省錢在每個月底的幾天時間必須吃泡麵果腹，可能時常會為了生活開銷的籌措而煩惱，這些事情在我看來，就是對於你們愛情及踏入婚姻前的考驗，甚至會成為你們的愛情修成正果後最美麗的回憶。

運將大哥的孩子打電話來關心爸爸吃晚飯了沒有，而我眼前的信義路街景怎麼忽然變得好模糊……好模糊……

阿飛戀愛行銷講座

如果愛情真的已經等於金錢，
我相信妳對他的愛情，日後將會成為等值的金錢。

壞男人的辯解

『事實上，壞男人是女人一手創造出來的。』

我才一坐定，壞男人開門見山冒出這句差點讓我再從椅子上摔下來的話。

『我必須先說明，壞男人也是有分優劣的，我不是「有吃有玩又有拿」那種爛人。』壞男人接著說，這是標準被告人開始自我辯護的開場白。

『什麼叫做「壞男人是女人一手創造出來的」？我還是第一次聽到這種論調。』

這是叫做賊的先喊捉賊嗎？

壞男人從他的煙盒取出一支香煙，點上火後深深的吸了一口，先向前吐出長長的煙霧，他邊看著煙霧消散邊回答我：『嗯，我不知道有沒有人天生就是壞男人，但至少我不是。』

『你知道的，長相俊美、身材高挑，讓我從小就受女孩子歡迎，不用寫情書送禮物去獻殷勤，自然有一堆女生來投懷送抱。由於戀愛的機會多又來得容易，在感情上我們通常很早熟，也成長得比一般人快，當別的男生還在絞盡腦汁想著怎麼追女生的時候，我都已經懂得怎麼算女生的安全期了。也因為得來太容易，漸漸的越來越不珍惜。』他邊盯著正在點燃的香煙邊說著，彷彿是對著香煙說這段話，而我其實並不在現場。

『因為感情得來太容易，所以不用去珍惜?!這根本是藉口吧？』我有點惱火了，因為我到現在還不太會算女生的安全期啊。

『這是事實，如果你每天身上都帶著幾萬塊現金，不小心掉了一塊錢在水溝裡，你應該是沒什麼感覺，對吧？這意思是一樣的。』

壞男人又吸了一口煙，然後在煙灰缸裡把香煙熄掉。他接著說：『因為感情經驗豐富，我們很早就懂得如何討女人歡心，懂得說低調又不誇飾的情話，懂得適時的噓寒問暖，懂得分辨誰好追誰不好追，一切都自然得就像是呼吸一樣。當你一旦擁有了這樣輕易吸引異性的能力，這就像是大麻一般會讓人上癮，令人無法自拔。』

『難道你從來不曾想過安定下來，別再玩這種周旋在女人之間的遊戲嗎？』我試著問。

『想過啊，在另一個女人送上門之前。我認為也許是會害怕一旦安定下來，吸引異性的能力就從此消失不見了，忽然不再有女人投懷送抱，不再擁有吸引女人的魅力，這對於從小到大在愛情中習慣處於至高點的我們，一定會不知所措的。』他苦笑著說道。

壞男人繼續說：『女人們不就是會被我們壞男人不安分、不穩定的特質所吸引嗎？哈哈，愛情？如果我們不再俊美、不再多金、不再風趣，她們還會愛我嗎？』

『話不能這麼說，你不能因為自己對於愛情的不信任，就自認為可以不斷玩弄女人的感情吧？』我忍著怒氣再追問。

『當然還有其他的因素，例如自卑。』他說得十分篤定。

『自卑？你們這麼受女人歡迎，生活又多采多姿，有什麼好自卑的呢？』我不解的問。

『每個人自卑的點不一樣。也許是工作，當初在學校裡根本看不起的書呆子，長大後全變成了律師、醫生、竹科新貴，現在身邊的老婆遠比你把過的任何馬子還正點；也許是家庭，從小在家就得不到溫暖，老爸是酒鬼老媽是賭鬼，自己就變成色鬼，需要經由不斷的戀愛來獲得更多的愛與慰藉；甚至是愛情，從小對於愛情是無往不利的我們，決定認真投入一段感情後，只要失敗一次，從此僅存的好男人因子便完全死去。』壞男人認真的說道。

『不過在我看來，這些原因都不足以合理化你們對於感情的欺騙。』正方律師持續進攻。

『愛情這檔事本來就是一個願打一個願挨。你應該去問那些所謂的好女人為何不去找適合她們的好男人，而偏偏要找上我們呢？既然我們是烈火，她們還是要往火裡跳，你不可否認，壞男人提供給她們好男人無法給予的快樂。』辯方也不甘示弱展開反攻。

『媽的，你們這樣子根本是在利用女人對於愛情的浪漫情懷嘛。』我忍住脾氣，用最不用消音的方式說。

『你不覺得女人們所開的擇偶條件很像是小學時的作文〈我的志願〉一樣嗎？真有這麼完美的對象，還有我們壞男人存在的必要嗎？凡事都是有利有弊，有正有反，有好有壞。要擁有我們的溫柔多情，就要能忍受我們的自由不羈；喜歡聽我們的浪漫情話，就要了解我們會說滿嘴謊話。』壞男人仍是振振有詞，不得不承認他的口才很好。

『事實上，大部分的男人身上都留著壞男人的因子，就像是病毒一樣，哪天會發作你我都不會知道，也許是和老婆為了一星期要恩愛幾次而吵架之後，也許是老天沒眼讓他中了樂透頭獎，也許是公司小妹妹瞎了眼覺得他的禿頭超性感，於是忽然變成壞男人了。至少我們是一開始就擺明是壞男人，比較起來，那些隱性壞男人對於女人的傷害更大吧？』他邊說邊離開座位，比比手錶，向我作勢該離開了。

『我今天不是來和你吵架的，我只是想告訴你，壞男人並不是十惡不赦的，我們真有這麼糟糕，也不會有這麼多女人愛我們。如果有一天女人完全不愛壞男人了，適者生存，不適者淘汰，我們自然會消失。』話一說完，壞男人便頭也不回的離開……

阿飛戀愛行銷講座

事實上，壞男人是女人一手創造出來的。

壞男人就像是濃度50%的Vodka，酒量不好請勿嘗試！

其實男人很關心妳

『為什麼他就是不了解我要的是什麼？我覺得他一點都不關心我……』瑪麗氣憤地說。

親愛的瑪麗，我想妳首先要了解一件事。基本上，大部分男人最關心最有興趣的事不外乎這幾種：性、汽車、球賽、模型、ACG、哥兒們、工作、槍、大胸部美眉……

妳發現到了嗎？如果光從上述幾點看來，妳與男人最有興趣的事情中唯一有關聯的就是『性』，如果運氣好一點的，也許還能外加『大胸部美眉』這點。

如果妳自己硬要加上『哥兒們』這點，我們可是不會認同的，就算妳認為自己很man、和男人很有話題可聊，但對我們而言，真正的哥兒們是有『帶把』的。

所以，非常抱歉，男人會注意到妳的時候，很可能只有在他發情的時期。

不過別太難過，我們男人在健康的情形下，至少每周發情一次，換句話說，妳的男人應該每周至少有一天是對妳有興趣的。

世界最遙遠的距離就是我在你身邊，你卻不知我尿急……

最近有個日本廠牌的汽車廣告在電視上強力播放，劇情對白大概是說：

女生：『加油站快到了哦！』

男生：『放心，我這台車很省油，油還很多呢。』

女生：『我要上廁所啦！』（白眼狀）

男生：『啊，對不起……』（無辜狀）

妳說：『看吧，你們男生就是這麼白目！』

親愛的，妳要了解，我們男人大部分都不是泌尿科醫生，也不是乩童、靈媒之類的未卜先知人士。

如果妳不說出來，我想就算是膀胱爆了，我們也還是不知道啊。

妳抱怨我們男人沒有發現妳今天換了新髮型、塗了新指甲油、擦了新睫毛膏，甚至是穿了全新的黑色性感小睡衣。或者妳在睡前想來一段『枕邊細語』，男人卻用他的鼾聲來回應妳。

這樣也就算了，一個月來五天的週期到了，我們還在問為什麼今天不行，一點都不關心妳。

但是請妳相信我，男人並不是不關心妳，更不是不想了解妳。

只是妳知道的，我們的腦容量有限，通常反應也比不上吳宗憲，平常在公司忙著與總機妹妹打屁，還要想盡辦法與其他部門爭資源，以及三不五時要想辦法拍拍老闆不太香的馬屁，偶爾還要出場，陪著客戶去酒店賣賣笑……

所以等我們回到妳身邊時已經筋疲力盡，就算是假期也只想好好休息放鬆，不想再做任何需要花腦筋花精神的事情。

我想妳會覺得如果真的愛妳，就應該要更用心更細心來了解妳。

我必須承認，男人除了在意床上的『顧客滿意度』之外，在其他方面的『顧客需求』大都比較不注意，而且是與交往的穩定度呈現反向下降曲線。

主要的原因是，我們男人在感情穩定後，通常就會把注意力放到其他方面，例如賺錢、工作表現，偶爾才是路上的長腿辣妹。

也許我們最近真的疏於對妳噓寒問暖，但不代表我們不愛妳，只是我們不太會去注意細節的事物。妳的化妝台排了多少化妝水、卸妝油、眼霜、絲瓜露，我們不在意。妳的衣櫥擠了多少包著塑膠袋的、貼著乾洗店標籤的、有穿過沒穿過的、各式各樣的衣服，我們不在意。

妳在我車前面排了多少Kitty、哆啦A夢、小熊維尼，還是米老鼠玩偶，我們也不在意。

瑪麗：那你今天休假陪我去SOGO逛逛。

喬治：當然好啊，親愛的……不過先等我看完王建民的比賽好嗎？

阿飛戀愛行銷講座

男人真的很關心妳，
我們在意的是，怎麼給妳穩定的將來、如何讓妳幸福，
以及為什麼今天晚上還是不行……只要妳開口告訴我們……

PART 2
熟男症候群

單身熟男

已經開始工作、年齡超過三十歲、一個人住、沒有結婚也沒有女友（沒固定的也算）的男人，我稱為單身熟男。

單身男人的生活，總給人邋遢與放縱的印象。

被子從來不摺好，臭襪子到處丟，桌上經常出現吃剩的食物殘渣，偶爾還放著幾罐啤酒罐，煙灰缸塞滿了煙屁股，經常帶著不同女孩回家。

這些，是我們在電影或電視上常常看到的場景。不知道那些編劇是不是這樣過著單身生活，在我看來，事實並非完全如此。

許多單身熟男是最懂得生活的，哪會如此虐待自己。

單身熟男的屋子很乾淨，不管是自己買的或者是租的。

床上，總是平整的鋪著被子，衣服一件件摺起來疊在衣櫃裡，屋裡的陳設都很整齊。

他們可能會有一個書櫃或者書架，上面擺滿著書，但不會像一些人，買書只是為了顯示自己的氣質，那些書，全都是他們真心喜歡看才會買的。

單身熟男可能精通廚藝，沒有父母在身邊，沒有女友照顧，只能靠自己來善待自己的胃。

他們可以在外面簡單解決自己的晚餐，但他們也喜歡下了班到超市買點新鮮的菜，回到家做上一頓可口的晚餐。可能只是一碗飯配著一盤菜，但肯定是精心烹煮的，不會馬虎。偶爾，他們也會請幾個好友來家裡小聚，小露一手廚藝。

單身熟男家裡可能也會有一組不錯的咖啡壺。

在週末的下午，或者夜深人靜，為自己泡上煮上一壺香醇的咖啡，再點上一支煙，聽著輕鬆又愉悅的JAZZ音樂，坐在家裡靜靜的思考，或者開著電腦悠閒的看著文章，還是靠著沙發慢慢的閱讀剛買回來的書。

單身熟男總會有一副啞鈴或者房間裡放著健身機，在家沒事的時候練上一會兒。與已婚男人大都挺著鮪魚肚明顯不同的是，單身熟男會保持自己的體態，跑去買衣服，什麼款式的衣服往身上套，總是顯得合身，這是他們堅持鍛鍊的成果。

單身熟男，對於感情，很沉著。

他們可能會對一些漂亮的女孩表現出曖昧的舉動，但絕不會輕易去追求她們，讓自己深陷進去。

感情對於他們來說，變得不再是那麼期待。

他們當然不可能是一張白紙，他們只會靜靜的在一旁，觀察認識的女孩，看哪個真正適合自己，過去的感情經驗，讓他們在追求之前，能很理性的發掘她們身上的優點及缺點。

單身熟男，應該是這樣享受著生活。

他們在這樣的生活中，享受人生中最美好的時光，不會浪費黃金時刻。

阿飛戀愛行銷講座

單身熟男，對於感情很沉著。

他們可能會對一些漂亮的女孩表現出曖昧的舉動，

但絕不會輕易去追求她們，讓自己深陷進去。

感情對於他們來說，變得不再是那麼期待……

熟男不結婚？

珍妮：『為什麼你們男人就是不想定下來，就是不想結婚？』

很多女人也和珍妮一樣有著相同的問題，其實這個問題就好像是妳要我回答曾經統治地球將近一億七千年的恐龍為何忽然消失，解釋起來是眾說紛紜，每個專家都有一套他自己的佐證與說法。

妳們認為我們男人不想結婚，其實是誤會大了，男人並不會不想結婚，有的男人可能比妳們女人還要想，但是想與做基本上是兩碼子事，要男人立即去做是需要衝動的，而這股衝動也並不像是看看鎖碼台醞釀一下就可以馬上精蟲衝腦這麼簡單。

也許妳會覺得老娘這些日子為了這個死沒良心的洗衣燒飯、把屎把尿，除了幫傭還要兼慰安，比起妳家菲傭是有過之而無不及，只是要求區區的一張證書也不為過；也許妳會覺得老娘為了這個死沒良心的浪費了多少青春歲月，拒絕了多少個小開追求，推卸掉無數次好姊妹的聚會，生活完全以他為中心，只是要求一個微不足道的名分也不為過；也許妳會覺得…………天殺的！老娘就是不甘願是怎樣！

就像當初剛交往的時候，是要等他開口找我去他家看ＤＶＤ，還是老娘直接挑明今天剛好是安全期……

要不要問對方關於結婚的打算，確實是件尷尬的事情，畢竟結婚這種事由女方自己提出來總是不好意思，感覺上好像自己是空蕩貨架上的滯銷品，急著在季末限時出清似的，上頭還掛著『老闆跑路換現金』的宣傳牌……

事實上，我們男人非常體諒妳們的付出，非常感念妳對我們的愛，當我們開始嘮叨妳的Ｖ字領太低、裙子長度太短或者花在打扮保養的錢太多，我想妳已經是他心目中內定的新娘……

結婚真的是需要衝動的，就像是新款電視遊樂器上市時，無論新聞報導遊戲機如何的熱賣，還是親朋好友熱烈討論多麼好玩，都是需要引起衝動才能讓我們走到專門店的貨架前面。甚至於在此時，都還是需要極大的心理掙扎才能從口袋裡掏出錢包，更掙扎的是，不知道哪張信用卡是還沒有刷爆的……

結婚這種事，男人沒有試過當然會害怕。有試過的男人也許可能更害怕，生活周遭實在是充斥了太多媲美靈異故事關於婚姻的可怕傳說……

新聞主播：『籃球大帝喬丹結束十七年的婚姻，八千萬美金贍養費確定飛了。』

已婚同事：『兄弟，單身時光真的很美好，你一定要趁現在好好珍惜啊。』

已婚好友：『晚上的聚餐我又沒辦法去了，老婆今天要去做ＳＰＡ，要我回家顧小孩。』

八卦雜誌：『偶像男星宣佈婚訊，人氣驟跌，廣告代言喊停！』

離婚主管：『婚姻真是愛情的墳墓，回頭看這八年婚姻，簡直就像是一場惡夢……』

是的，光是時常聽到這些關於婚姻的不利傳言就已經足夠讓我們男人嚇出一身冷汗，然後我們還要考慮到國內油價的上漲速度、國家經濟成長率的預估成長、區域房價的上漲趨勢，以及銀行存放款利率的高低，這些條件是否足夠讓自己支付日後每天兩人份的伙食生活費用，妳說男人會不害怕嗎？

關於結婚這檔事，男人是真的需要開導與教育的，或者也可以說是需要哄騙的，就像是當初妳暗示他，老娘目前單身沒人追，要買要快，買定離手，是相同的道理。妳必須讓他了解到兩人組成家庭，是為了共同努力邁向美好的未來，而不是要增加彼此的負擔與壓力。

親愛的妳，也許正在徬徨身旁的他是否還值得妳繼續等待，如果男人告訴妳說跟著他不會有幸福，或者坦白說五年內都不會有結婚的打算，那麼白話點的說法就是——老子不是那麼愛妳！早晚有一天會甩了妳！

珍妮：『你知道嗎？我們女人向來都會擔心未來的生活，直到結婚之後……』

傑克：『是的，但是我們男人從來不會擔心未來的生活，直到結婚之後……』

阿飛戀愛行銷講座

關於結婚這檔事，男人是真的需要被開導與教育的，妳必須讓他了解到兩人組成家庭，是為了共同努力邁向美好的未來。

看一下辣妹會死嗎？

瑪麗：『他是不要命了嗎？我在他旁邊，他居然還敢死盯著對桌的那個死騷貨！』

喬治：『靠，我又不是瞎子，我只不過瞄了那個長腿辣妹一眼，她居然三天不和我說話！』

身為女人的妳們，應該很早就聽過傳言了，我們男人是視覺動物也是哺『乳』類動物。

就像妳所知道，男人自從性徵發育後開始，對於胸大腿長眼大嘴小腰細臀豐的女人就特別有『性』趣。

但這並不是單純只用好色來解釋就行的，根據英國的研究報告顯示，有上述條件的女人，女性賀爾蒙確實比一般女人旺盛，而且生育能力也比較強，依生物學觀點看來，基於延續後代的天性，擁有上述條件的女性確實容易吸引男性。

身為男人的我們，其實是很可悲的。

因為強烈道德感以及親愛的妳三令五申，我們必須壓抑著天性。

一起去看車展時，我們必須假裝熱愛汽車，事實上照片的聚焦卻是跑車旁邊的低胸裝扮Show Girl。

一起看電視時，看到泳裝美少女單元，我們必須忍痛轉台，假裝我們對於鯊魚如何交配繁殖比較有興趣。

一起看完電影時，我們熱烈的討論著李安的拍片藝術——藝術？天殺的！我們其實想聊的是梁朝偉與湯唯的『技術』啊！

聰明如妳，應該很清楚：『限制越多，管制越嚴，反彈就會越大。』

小時候明明老爸對妳說男人全都不是好東西，妳偏偏就要和隔壁班的男同學出去，狠一點的，還同時與兩個男人交往。

明明老爸要妳晚上十點以前一定要到家，妳偏偏就要十點零五分才肯進家門，狠一點的，大概隔天早上十點，老爸才可能看得到妳的人。

我有個朋友，他的前女友就是『妻管嚴』的代表，根據朋友自己的描述，他當時的生活可以稱得上是水深火熱：不准看路上的美女、不准稱讚電視上的女明星、不准超過晚上十一點還沒回家、不准和女同事用ＭＳＮ聊天……等等。

但是最後我那朋友還是劈腿了，而且是一次劈了三個女人，還因為前女友嚴格控管的陰影，讓他從此不敢再安定下來……

其實我們男人都知道，妳們因為在乎，所以才會在意。

如果我們還跟昔日女友牽扯不清，偶爾還會相約看電影，妳可以生氣。

如果我們和女同事曖昧不明，偶爾還會互相幫對方買早餐，妳可以生氣。

如果我們在交友網站跟女網友煽情對話，偶爾還會相約『切磋武藝』，妳可以生氣。

如果我們對家裡的母狗疼愛有加，偶爾寧願帶牠出門遛遛也不願陪妳逛街，妳可以生氣。

但是，妳實在沒有必要為了街上那些我們不認識的女人向我們生悶氣。

妳要了解，那些胸大腿長眼大嘴小腰細臀豐的辣妹對於我們而言，只不過是過眼雲煙，或者應該說只是當下的視覺享受而已。

我們大都不是長相帥氣如金城武，不是口才流利如吳宗憲，也不是什麼把妹無數的搭訕教主，通常只敢遠觀不敢褻玩焉，那些女人對親愛的妳來說其實一點威脅性都沒有。

事實上，當家裡浴室的洗臉台出現了卸妝油、絲瓜露，衣櫥裡出現了黑色蕾絲睡衣，床單窗簾出現了超夢幻的粉紅色，床頭上極簡風的無印良品鬧鐘旁邊出現了極不協調的Kitty玩偶，在房間則是出現了令人莫名恐懼的整齊清潔……

我們男人就意識到已經和過往的酒池肉林荒唐歲月說再見了，從此我們的娛樂只剩下電視上的泳裝辣妹單元、網路上的露奶美女照片以及鎖碼台重播到爛的日本A片……親愛的妳們也許沒有模特兒的性感撩人，也許沒有女明星的亮麗動人，但是請妳們要了解，既然我們願意讓妳走進自己的地盤裡，就代表著妳是我們的最愛（至少是現在），其他女人不是這麼容易的可以在我們地盤上撒野的，而這也是男人表示效忠的動作……

大家都不可否認，無論男女都喜歡欣賞美的事物，女人也是喜歡看到面容俊秀或是體格健碩的男人，只是不像男人看美女時表現得那麼露骨而已。

欣賞歸欣賞，其實我們自己都知道，到底什麼樣的對象才是真正適合陪在自己身旁，而不是只適合用眼睛欣賞而已……

阿飛戀愛行銷講座

瑪麗：『好啊，那我以後也要穿短裙上街，你看我就好！』

喬治：『靠，短裙是給別的女人穿的，不是給別的男人看的！』

男人的單純

前陣子在網路上讀到一篇文章叫〈不上床不了解男人？〉文章中提到：『跟一個男人上床，妳才能真正了解他……男人當然有獸性的一面，但是人到底跟獸不同，獸是不顧一切的雜交，男人卻可以做到有所不為、有自制力、有所選擇、有責任感……』

到底需不需要上床才能了解男人？

我覺得就『看妳自己的習慣吧』，有些女生習慣直接在床上『以武會友、切磋武藝』之後來了解男人，有些女生則是習慣走『心理學派』，喜歡看男人精蟲溢腦後的反應來了解他。

女人打算用什麼方式來了解我們男人都無可厚非，但是也許很多女人並不知道男人會信任她的原因，卻是因為他們上過床……

不要驚訝，我是說真的，或許妳會說那為何他總是在想要做愛時才打來，或者是偶爾才在MSN上神出鬼沒的問候兩句，何來的『信任』可言？

可能這是男人的一廂情願，小時候女生只要對我們微笑或是多看我們一眼，就代表她喜歡我們；晚上肯跟我們回家，那就代表我們該準備好保險套；只要她跟我們上過床，那代表這女人就是『自己人』了。

我知道這是很愚蠢的單向思考邏輯，不過我們會天真單純的認為：『妳連身體都可以給我了，還有什麼事情需要分妳我，還有什麼話不能對妳說呢？』

很可笑嗎？

我一個軍中的學弟就曾經跟我告解過，他曾經花錢買春，在辦完事後，不由自主的和那位假結婚、真賣春的大陸妹聊起自己老爸不長進、老媽不要命的家庭故事。

朋友K則喜歡向前女友傾訴與現任女友在相處上或床事上的不順利，就算對方表明不想聽，他還是想講給她聽。

朋友阿B則表示和女同事在一次公司聚餐中，不小心擦槍走火，聚餐聚到他家床上去了，現在反而成為他無話不談的哥兒們。

也許妳不相信，男人之間有很多事情是不會開誠佈公的。

要我告訴他們，女友已經兩個月不讓我碰？

要我告訴他們，其實在公司我是個被人像狗一樣看待的小螺絲？

要我告訴他們，昨天那個是我人生中第三十六個拒絕我求愛的女人？

拜託！……

我們還想在兄弟朋友間立足，告訴他們叫我們面子往哪裡放？但是那些曾經與我們愛過、爽過（就算是裝的也好）的女人們，卻是我們為數不多的信任對象，因為她們是我們一廂情願的『自己人』。

這好像變成了男人的宿命。

在古時候，很多軍機要務都是皇帝不小心在床上透露給妃子，妃子再洩漏給偷情的大臣，大臣又告訴了宮女……（好淫亂的春宮劇啊）。

總之，男人只要得到了女人在肉體上的肯定後，就會毫無保留的信任對方，就算是沒法天長地久，我們還是會天真的在心裡把對方列為『終身ＶＩＰ』，任何沒辦法與朋友親人說的話，都會想要對她訴說……

當下次某個與妳曾經滄海的男人向妳訴苦時，請同情他一下吧，別再說：『我幹嘛要聽你說這些爛事情？』

阿飛戀愛行銷講座

到底需不需要上床才能了解男人？我覺得就『看妳自己的習慣吧』。

但是，對還沒上過床的女人，男人是用下半身思考；

對已經上過床的女人，才會上下半身並用！

男人偷吃的心態

『為什麼有些男人就是愛偷吃？』

妳問這個問題就跟妳問『公狗為什麼看到電線桿就會抬腳』是差不多意思的。

很抱歉，我必須沉重的告訴妳：

會偷吃的男人通常是『慣犯』，如果妳的男人會偷吃，那他就有九成的機率會一犯再犯，剩下的一成是他找不到機會再犯。

但是男人會偷吃並不代表不再愛對方，有些男人甚至會藉由偷吃的罪惡感，來讓自己更加珍惜對方、愛護對方，然後不斷的催眠自己：偷吃是為了要愛妳……所以請記得：妳收到的禮物越大，可能代表他捅的漏子越大……

『那為什麼你們男人愛偷吃，卻又不懂得擦嘴？』

我得承認男人在偷吃的當下，應該都只剩下半身在思考，就算有用腦子的，通常也已經精蟲衝腦，導致沒法思考。

所以大部分男人偷吃後所遺留下來的線索，鐵定比他吃飯掉的飯粒還多，像是床上來路不明的頭髮、垃圾桶裡還遺留前晚用的保險套、手機簡訊或通話紀錄太乾淨或是笨到根本沒刪掉……等等的線索。

女人個個是福爾摩斯，要抓我們男人偷吃的方法，信手拈來就是一把。有的女人會檢查保險套用量，甚至還會做記號，慎防男人會再買來補貨。有的女人會觀察床單是否有異狀，聰明點的還會記錄床單的更換周期。有的女人會定期檢查對方的手機，厲害點的還會直接訂閱『每月通話明細』。有的女人則是以收集發票對獎為由，行掌握對方每日行蹤之實。

其實男人自己非常清楚，女人個個是福爾摩斯，而自己絕不是亞森羅蘋。會這麼犯賤，膽敢一再偷吃，多半是存著僥倖、賭一把的心態，要不然就是妳一再的容忍與原諒他，養成他『被抓到也無妨』的壞習慣。

就像一個長輩告訴我的，只要你認定這女人夠愛你，就算已經被『抓猴』，當場捉姦在床，只要打死不認帳都有可能混得過去。

無論你是要說躺在旁邊的女人其實是逃犯，而你真是倒楣，不小心被她挾持，還被她劫財又劫色。還是要說對方其實是來幫傭的，因為正要幫你洗衣服，所以才會脫光光，正巧被妳碰見……總之打死都不承認，這女人如果真的愛你，包準會沒事，不準不用錢。

偷吃，對男人而言不過是想證明自己魅力與存在感的手段。

我問過幾個男性朋友：『如果有機會和辣妹來個一夜情，而且保證不會被發現的情形之下，你會不會偷吃？』

答案用我的腿毛來想也知道，當然是全數通過：笨蛋才不要啊！

我接著問：『如果你與辣妹的一夜情被抓到，你會怎麼辦？』

結果已婚的男人全都會想盡辦法尋求老婆的原諒，絕對不會為了外頭的狐狸精毀了家裡的觀音廟。而未婚的男人大都表示會以對方的反應來判斷，如果女方咄咄逼人，那很可能會順勢而為，乾脆一刀兩斷。

事實證明，只要是男人都有可能會想偷吃的，沒有的只是他不敢或者是根本沒機會。會偷吃的男人跟沒有偷吃的男人，差別只在於能不能控制自己……

所以，女人們還是繼續當妳的福爾摩斯吧。

阿飛戀愛行銷講座

事實證明，只要是男人都有可能會想偷吃的，

沒有的只是他不敢或者是根本沒機會。

是的，世界上沒有不想偷吃的男人，只有珍惜與妳這段美好感情的男人。

男人像狗，但別真的當狗養

記得小茹那時是這麼對我說：『你們男人就是賤，千萬不能對男人太好，不然什麼毛病、花招就統統跑出來了！』

小茹真的沒有對待男友很好，不……正確的說法應該是對待男友非常嚴苛，嚴苛到我都覺得要當她男友應該是準備要去當苦行僧才在幹的職前訓練……

我曾經看過她因為不想爬三百多階的階梯上山，當場命令男友背著腰圍與臀圍已經快分不清楚的她，踩著沉重與顫抖的步伐上山，等到達目的地，男友的臉上已經分不清是汗水還是淚水。

還有一次我在辦公室聽到她男友打電話給她，他是來向女友懺悔買錯她家愛犬的飼料，結果他買錯狗飼料，她真的就把男友罵得跟她家狗沒什麼兩樣。

另外，小茹還立下了一堆毫無人道枉顧人權的規矩，要男友恪遵職守，否則依法嚴懲，例如：打電話找他一定要找得到而且不得超過三次響鈴才接聽、假日或空閒時間外出必須事前向她報備、MSN及e-mail等帳號密碼需由她統一管理不得私下修改、每天準時晚上七點前要到公司接她下班不得有誤等等。我真的打從心底敬佩小茹男友那種堅忍不拔的精神，以及對小茹如此無怨無悔的愛情。

藉由一次我們公司聚餐的機會，想向小茹男友表達我佩服與慰問之意。但他只淡淡地對我說：『這一切將在明年初就會結束，等結婚以後，到時誰當老大還不知道呢……』

親愛的妳，從歷史的角度看來，妳必須清楚地了解到『暴政必亡』的道理。從古至今，沒有任何一個國家與朝代可以長期用高壓統治而不會被人民推翻的……難道妳忘了我們學生時代最討厭的就是那個每天拿著藤條在校園裡晃的訓導主任嗎？難道妳忘了妳小時候最受不了的就是老爸老媽限制自己的作息甚至是交友嗎？難道妳忘了自己最痛恨的就是那個只會動嘴巴不做事害妳加班加不完的公司主管嗎？雖然我說過我們男人像狗，但不是要妳真的把我們當成狗來養，更不是要妳真的把我們當成狗娘養的。

並不是每個男人都像小茹的男友一樣，可以為了愛情忍辱負重、臥薪嘗膽，可以做到君子報仇三年不晚，因為我們大多數的男人基本上是面子比銀子重要，銀子比褲子重要，所以我們為了銀子可以脫褲子，但是為了面子……別說銀子和褲子了，連老子、妻子、兒子都有人可以全部不要了。

男人確實像狗，但卻是一隻訓練有素的狗，並不是剛假釋出獄的慣犯，所以妳實在沒有必要用對待罪犯的方法來對付他……

當然，如果他有偷吃前科則不在此列，偷吃是屬於慣犯的行為。

就算是訓練有素的狗，也是會有犯錯的時候，我們對於所愛的人，甚至是寵物，都在不知不覺中用高標準來看待他們，而這個標準之高，甚至連自己都可能達不到，我們永遠認為是為他好，永遠認為自己是對的，卻不知道在無形之中造成了對方的傷害。

親愛的妳，也許自認為是個優秀的馴犬師，才會造就妳的男人成為一隻訓練有素的狗。事實上，如果妳的男人不在乎妳，他是不可能願意讓妳成為自己的馴犬師。

他很在意妳，並不代表只有妳才是重要的，他也有自己的想法及感覺，也有自己的喜好及興趣，他也希望也能做些自己想做的事情……

請記住，這個世界並不是真的繞著妳在轉。請妳試想看看，如果妳要和朋友去逛街他就生氣，妳會怎麼想？他每天要求檢查妳的手機內容，妳會怎麼想？如果他想買東西就叫妳幫他付錢，妳會怎麼想？如果妳發現自己其實只是想控制別人，而妳管教男人的方法連妳自己都受不了，那妳根本不是個優秀的馴犬師，請妳先去找個好的老師教導一下，再來訓練我們公狗吧……

阿飛戀愛行銷講座

男人確實像狗，但卻是一隻訓練有素的狗，

並不是剛假釋出獄的慣犯，實在沒必要用對待罪犯的方法來對付他……

注意：優秀的馴犬師，通常只能訓練別人的狗，沒空管教自家的狗！

請不要再說要減肥

回想自己過去的戀愛經驗裡，我最怕對方跟我說：『我要減肥！』

女人想要減肥的動機確實是五花八門：三年前買的褲子現在穿不下、今年夏天想穿比基尼去海邊、大學同學恐龍妹居然變得比我瘦、電視上的造型達人說女人要瘦穿衣服才好看、上次坐捷運有個白目居然以為我是孕婦要讓位給我、照片上的我發現有『蝴蝶袖』了、昨天量體重又增加一公斤。

如果她的體重是可能會危害自身健康，還是體態已經像電影『哈啦猛男秀』的『火山洞黑美人』，那我會很鼓勵她減肥，但通常的真實情形是體重完全沒有超過標準，扁我的速度飛快，完全感覺不出體重過重的趨勢。當對方開始認真實踐減肥的想法時，對我而言，就是一連串抹殺雙方感情的開始。

約她吃飯變成不可能的任務

難得不用加班，在網路上找到一家不錯的餐廳，想找她一起共進浪漫的晚餐。興匆匆的撥電話給她，卻換來『你不知道我在減肥嗎？真的是欠老娘扁了！』或是『好啊，不過你吃就好了，我減肥。』這樣的反應，真是熱臉去貼冷屁股，屁股不熱反而臉卻冷了。

美食之旅變成掃興之旅

假日一起出遊，台灣的美食小吃是世界聞名，所以在台灣無論是去哪玩，一定跟吃或多或少有關，如果對方開始減肥，那一切就會變得非常掃興。

『這個太油，你吃就好』、『我不能碰澱粉，你吃就好』、『要死了，這都是肉，你吃就好』，既然都我吃就好，請問妳出來要幹嘛啊？

看DVD看球賽不吃東西太無趣

對我來說，在家看DVD或是看球賽轉播，是一定要準備好吃的和可樂（或海尼根），這樣看球賽才過癮，才有享受球賽氣氛的感覺。

如果陪我看的人什麼都不想吃也就算了，我邊看邊吃著好料時，身旁的人還猛唸：『你明明知道我在減肥，你還在旁邊一直吃，一直誘惑我，不要再吃了啦！』那我不是太無辜了，也變得太無趣了。

愛美是女人的天性，而且社會與媒體也不斷的催眠大眾『瘦才是美』的觀念，造成女人對於身材過分要求。

不過我還是得說，雖然男人都是視覺動物，都愛看美女，但我們男人並不會真的要求女友得像電視上走伸展台的紙片模特兒。

我認為男女交往『外表』雖是加分項目，但並不是首要條件，只要體態不要過度變胖，進而危害健康，我想男人不會因此而對妳變心。

如果那個男人真的只因妳的體重輕微變化，進而與妳分手，那這種只注重外在的男人也不值得妳愛，沒有必要為了這種男人難過。

所以請妳不要再動不動就說要減肥，好嗎？

阿飛戀愛行銷講座

快樂自信最重要，
如果不能吃美食會讓妳不快樂，那就吃吧！
相反的，如果不減肥會讓妳不快樂，那就減吧！

前女友

男人總會在特定時刻想起前女友，無論當時是否單身。

也許是在夜深人靜失眠的夜晚，旁邊那位一夜情對象卻正在呼呼大睡的時候；可能是在與哥兒們酒過三巡後，空虛的坐上計程車後忽然想起；或者是與女友為了你的手機通話紀錄太過『乾淨』而爭吵時，心想：媽的，如果是『她』才不會這麼沒營養，來查你的手機。

我的第一個女友，是同班同學『小欣』。

她是個轉學生，剛好分配到坐我的旁邊，又非常剛好的我們都是成績前兩名，於是很剛好的被湊成『班對』。而這段短命的初戀在我收到一封情書後結束，我的籃球隊死黨非常義氣的幫我回了那封信，後來才發現原來是女友死黨們的詭計，那封假情書是她們用來測試我的忠誠度，於是我莫名其妙的變成班上千夫所指的『負心漢』，我還為此委屈的哭了好幾天。現在想起來，還挺有意思的，沒想到才十多歲的青春期小女生就這麼有心機啊……

前任女友Shine，則是有一項超能力。

她能夠光聽電話的聲音就夠判斷出對方的情緒、個性，更厲害的是她的耳朵還具備『測謊』的功能，據她所說，無論是對客戶還是對男友，她耳朵的測謊準確度是屢試不爽。後來分手的原因還真是因為我對她說了一個很沒營養又沒必要的謊，只能怪自己太過白目，心存僥倖，才會造成無法挽回的結果。所以阿飛在此奉勸男人們：誠實才是最好的政策啊！

仔細回想前女友們，才了解到如果不是她們，我們怎麼能從男孩變成男人，怎麼會知道做愛不是像日本A片演的那樣亂搞，怎麼會知道衛生棉為何要分日用型、夜用型，怎麼會知道女人經痛時你乖乖送上熱茶千萬別多話，哪會知道情話遠比尺寸大小有用，哪會知道外表才氣不能當飯吃，又怎麼會知道誠實才是最好的政策？

對了，你能想起和前女友或前男友最後一次接吻的情景嗎？

我能記得第一次見面、第一次接吻、第一次親熱、第一次看的電影……我很努力的回想，居然完全記不得最後一次接吻當時的情形，也許因為從來不認為會是最後一次吧？所以才不會特別去記住它，現在忽然覺得沒有想起來，似乎讓自己的回憶有了那麼一點缺憾……

男人到了我這年紀，經過社會的摧殘與前女友的教育之後，腦袋偶爾也會從下半身移回上半身，因為我們已經輸不起兩性遊戲了。有伴的男人已經不想在這個年紀還要重新花時間適應另一個女人，運氣不好一點，也許還要再花好幾年才能找到下一個適合自己的女人；而還單身的男人不是還在緬懷著前女友，就是以更謹慎的態度尋找著那個對的女人，感情遊戲我們已經玩不起也已經厭倦了。

阿飛戀愛行銷講座

前女友，對於男人而言，就像是一本專屬於自己的教科書，

偶爾會拿出來溫習一下，

遇到問題時還可以隨時Open Book找到標準答案……

關於上床這檔事

偶爾會聽見女性朋友不經意的感嘆：『為何總是在不對的時間與那個對的人相遇』……也許當時正忙於應付龐大的聯考壓力，考古題寫得對不對遠比遇見的人對不對來得重要；也許當時自己的工作才剛起步，老闆的評價好不好遠比遇見的人好不好來得重要；也許當時身邊已經有了交往多年感情穩定的他，道德良心告訴自己對情人忠心與否遠比遇見的人中意與否來得重要。

相對的，我們男人也會感嘆，感嘆『為何總是在對的時間卻與那個不對的人上床』……

我發誓，這是真的！千萬不要以為我們男人全部都是有『奶』便是娘，有床就上，有妹就把，其實我們也是有道德良知的啊！

不過通常只在『案發』後才會出現罷了……也許當時整個人喝瞎加上夜店燈光昏

暗，激情過後，一覺醒來才驚呼昨晚那位貌似女星王怡仁的辣妹，其實是貌似外星人；也許當時正值失戀低潮，不知是學妹太溫柔體貼安慰過頭，還是自己正值發情週期精蟲衝腦，一時天雷勾動地火，結果還真不巧她正好是好哥兒們的女朋友……

親愛的妳也許會覺得我們男人就只在意上床這檔事，不過這就是多數男女在想法認知上的差別。

妳們女人比較喜歡醞釀戀愛的感覺，我們男人卻比較注意培養上床的氣氛；妳們女人也許認為可以『有愛無性』，但我們男人卻認為『有愛無性，不是男性』；妳們女人經常會說『可以先從朋友做起試試看』，但我們男人其實是想說『如果可以先從炮友做起會更好』。

可是妳不能因為男人有這樣的想法就罵我們禽獸，要怪就怪造物者把男人的天性搞到這副德性，而且我們男人其實並不是真像動物一般只要是頭母的就好，也沒辦法像烏賊一到發情期可以連續交配兩星期完全不用休息，我們也是需要感情需要氣氛的。

女人把上床當成感情的延續，男人則是當成領土的確認。

當然，有小部分的男人會自以為是成吉思汗再世，不斷的想對外擴張領土。

在男女交往當中，我們男人會單純的以妳願不願意與他上床來確認彼此之間的感情是否穩固。這樣的想法其實就有點像是我們小時候會拿筆在自己的東西上面寫上名字，以確保它不會弄丟或是被人拿走，雖然事實證明，這樣一點用處也沒有……也因為我們男人有這種可憐的單純，所以才會經常發生對女友首次求愛遭拒後，就會一味認定對方不夠愛他因而分手的幼稚鳥事。

只因為首次求愛遭拒就要分手的幼稚行為是相當不可取的，我相信我們大多數男性同胞不會這麼傻，都能記取當年因為『漢賊不兩立』的無知想法、憤而退出聯合國的歷史教訓，懂得效法古代越國勾踐臥薪嘗膽以及國父發動十一次革命才成功的偉大情操，只要忍辱負重，精益求精，總有一天我們可以『光復失土』，犯不著為了一次小小的求愛受挫，就要放棄日後的大好江山……

當然女人對於上床這檔事會如此慎重的對待是有其道理的……也許是從小爸媽就警告她男人全不是好東西，只想騙女人上床，就連妳老爸也不能相信；或許是曾經交往過的男人與她上過床後就從此消失在她眼前，老娘還真是他媽的虧大了；也可能她真的認為與你的感情還沒到這種地步，你是在猴急個什麼勁兒啊？

相對於女人的慎重，男人對於信任與愛情是需要建立在上床這檔事上面的。只要心靈交流？天殺的，我們又不是要去參加法鼓山的禪修會……

初夜要留到新婚之夜？靠，我上次聽到這句話的時候，是在小時候聽我外婆講的中國民間故事集……

上床是件下流骯髒的事？媽的，那妳和我是怎麼出現在這世界上的……

是的，男人在這時候是不講理而幼稚的，因為他急於建立信任與穩固的關係，這點是親愛的妳所無法諒解的。

男人對於上床這檔事是愛面子的，是需要被哄、被騙的。

親愛的妳可以告訴我們妳還沒準備好，可以告訴我們妳身體不舒服，可以告訴我們妳也很想但是今天不方便……但是妳千萬別告訴我們：不想、不要、不願意。

親愛的妳，如果不想要毀滅我們對妳的信任與愛情，麻煩請妳委婉的拒絕我們，請體諒我們這些幼稚可憐的男人吧！

阿飛戀愛行銷講座

對男人而言，沒有性關係，哪來的兩性關係；
對女人而言，只談性關係，就跟你撇清關係。
珍妮：『為了讓我們的感情能夠長久一點，我希望別太快發生關係。』
傑克：『嗯，我能了解。我想只做朋友就好，感情是最長久的吧？』

你只是愛我愛你

前陣子看到一位女明星在電視節目中聊起她一段逝去的戀情，前任男友在分手時對她說了這句話：『妳並不愛我，妳只是愛我愛妳而已……』

我們經常會聽到有人會對朋友說：『與其找一個妳愛的人，不如去找一個愛妳的人，妳才會比較幸福。』

老實說，我個人認為這是一個自私的想法，也是一個懦弱的方法……為什麼只能找一個愛妳的人，而不能去找一個相愛的人呢？

確實和愛妳的人在一起，是最保險也是最輕鬆的。因為對方愛妳，所以凡事都依妳；因為對方愛妳，所以事事容忍妳；因為對方愛妳，所以把妳捧在手心裡……於是妳慢慢地將一切都會視為理所當然，漸漸的，妳忘了在意對方的感受，也忘了自己是否回應相等的付出給對方。

其實，我們對情人的愛與付出就像是水庫，水庫是必須有進才有出的，妳不能要求水庫沒有進水，還能永無止盡的為妳供水，因為總有一天水庫是會乾涸的。我們總是一味地要求對方付出，責怪對方給我們太少，想法狹隘得就像是銀行提款機上頭的監視鏡頭，永遠只有一個角度，也永遠只看到人家提錢，卻看不到人家也是要辛苦賺錢存錢，他才有錢可以領……

很多人被愛習慣了，被寵習慣了，就真的自以為是王子公主了。這個世界上沒有完全的善，也沒有完全的惡；沒有絕對的好人，也沒有絕對的壞人；沒有完美的聖人，也沒有極差的爛人……

所以請記得我們大家都是平凡人，妳沒有好到讓他可以無怨無悔無止盡的付出，他也沒有差到一定要拿自己的熱臉去貼妳的冷屁股才能得到幸福啊……

也許妳會說就是因為過去愛得太苦，付出得太多，傷害得太大，妳已經怕了也倦了，現在只想先躲進一個願意呵護妳照顧妳的懷抱裡……但是妳知道嗎？鴕鳥把頭藏進地上的洞裡時，牠也覺得自己躲得非常好啊，妳去找個他愛妳但妳不那麼愛他的人，這樣的心態與鴕鳥有什麼兩樣？是的，我們都在追求快樂，祈求幸福，所以也恐懼被傷害……也因為害怕傷害，為了想辦法去避免傷害，卻不知道也因此創造了更多更大的傷害。

很多人都會說感情是可以培養的，所以先找個愛妳的人再說。是的，感情是可以培養的，但是我認為愛情是培養不出來的。找一個愛妳的人來談戀愛，再來培養感情，在我看來是個愚蠢的方法，至少在我周遭親友當中，我從未看過愛情是可以刻意培養出來的，前提是妳要對他有愛，再來談培養感情這檔事吧……

『我真的累了。』他那時在幾杯啤酒下肚後告訴我。

他熬夜爆肝陪女友講電話聊天，每次看到電話費帳單，他其實都難過到想把帳單吞下去……他為了女友一句『現在好餓』，就從內湖騎著機車到板橋，只為了送一碗她最愛吃的魷魚羹，天殺的還指定在萬華那家她才肯吃……他頂著寒風徹夜在麥當勞門口排隊，只為了心愛的她規定今天一定要買到限量公仔，不然從此別想再見到她一面……

他原本以為自己可以為了心愛的她付出所有，結果最後還是決定認輸了。戀愛本來應該是快樂的，應該是幸福的，但他並不覺得快樂也不感到幸福……那天晚上他喝得爛醉，被我們幾個朋友抬上計程車，幾天後，從朋友口中聽到他與女友分手的消息。

找個相愛的人吧！我知道這不像上超市買菜是一件容易的事，生活中經常出現我愛他、他不愛我，或者他愛我、我不愛他的劇情，但我覺得與其為了將就自己的愛情，反而造成別人或自己的傷害，那還不如慢慢找尋那個與你相愛的人吧。

那位女明星後來在節目中掩面痛哭，她想不到如此寵愛她依戀她的男友會決定分手，她至今仍然後悔沒有好好珍惜他當初對自己無微不至的愛……

阿飛戀愛行銷講座

生活中經常出現我愛他、他不愛我，或者他愛我，我不愛他的劇情……

幸福，有時就像是錯過的公車，

我們只能等待下一班車，還不確定是否有位子能坐……

好男人的悲哀

『我已經受夠了！為何那些女人總在我面前抱怨自己老是遇上壞男人，永遠找不到好男人，而我明明就在她們面前啊！』看得出來好男人這次真的生氣了，平時的他待人非常和氣，雖然話不多但臉上總是帶著靦腆親切的笑容，可是現在的他卻活像是站在長板橋上對著魏軍厲聲大喝的張飛，面露青筋，眼睛充滿血絲，完全與平時待人和善的他無法聯想在一起。

『別生氣啊，也許她們只是還沒有注意到你的好。總有一天女人會發現到什麼樣的男人才真正值得去愛，值得珍惜，你一定會找到屬於自己的幸福。』我試著安慰好男人。

『你知道嗎？我從小就非常努力認真，我一直是父母眼中的好孩子，師長眼中的好學生，朋友同學眼中的好模範。長大後，我不抽煙、不喝酒、不賭錢，到現在連夜店長什麼樣都不知道。但是你看看，我現在得到了什麼了？那些女人連正眼都不瞧我一下，也許我早該去當個壞男人才對。』好男人憤恨不平的說著，我想如果現在桌上有瓶威士忌，他一定可以一口乾掉，不用再加可樂。

『別這麼說，當壞男人有什麼好的？難道你沒看到女人把他們全都罵到一文不值，壞男人根本不值得愛啊。』夭壽，說實在的，我也不確定，說不定女人真的認為壞男人值得愛。

『哼，她們罵歸罵，遇到了還不是個個愛得要死。壞男人從小就受到女生喜愛，當我在漫漫長夜用功苦讀的時候，他正在ＫＴＶ包廂裡面，摟著辣妹唱歌划酒拳；當我在假日只能和幾個臭男生在麥當勞吃漢堡的時候，他正騎機車載著清純可愛的女同學，在北海岸飆車兜風；當我還在學習解三角函數的時候，他已經學會用單手解胸罩了。你說看看，是不是壞男人比較吃香？』

『那是年輕的時候嘛，那時候年少輕狂，大家都會想玩啊！現在都這個年紀了，女人們想法也都已經成熟，一定會知道好男人才值得託付終生的。』這是真的，我年輕的時候也是只想到吃喝玩樂，課本都是拿來蓋泡麵用的。

『如果真是如此，我就不會在這裡跟你說這些了。對那些女人來說，我為她做十件事情也比不上壞男人的一句甜言蜜語；我幫她開一百次旋轉泡泡球也比不上壞男人的一通簡訊；我每天接送她上下班，也比不上壞男人一個月只出現兩、三次。她們明明知道壞男人身邊不只她一個女人，卻寧願不斷催眠自己：「浪子會因為她而回頭。」而她看到我們，卻是馬上掉頭……』好男人緩緩的說著，我能感覺他正試著壓抑著自己的情緒。

『真的有差這麼多嗎？』老實說，我有點吃驚，我現在真的開始同情起好男人了。

『我想她們就是喜愛壞男人那種令人無法掌握的感覺吧，然後她們就像是寄居蟹，從這個壞男人轉移到另一個壞男人身上。而我們好男人卻像是隱形人一樣，她們永遠看不到！』說到這裡，好男人的眼眶已經泛著淚光，看得出來他正努力強忍著，不讓眼淚滴下來……

『也許這樣對你說，你可能會不高興。如果你能學習壞男人一些哄女孩子開心的把戲，說不定一切就不一樣了，當然我並不是說老實木訥不好，但畢竟女人還是喜歡聽甜蜜的情話，喜歡浪漫的氣氛，喜歡新鮮的驚喜。如果你能保有好男人的溫柔與安定，又能適時給予女人浪漫甜蜜的驚喜，那你不就是一個女人眼中完美的男人嗎？』

我說完後，好男人並沒有回應，只是低著頭沉思。看來從小到大來自於感情上的打擊，真的不是這麼容易可以平復的。我決定讓好男人自己在這裡靜靜，拍拍他的背道別；這時看到壞男人正站在門口，他對我招招手，看來他似乎也有話想要對我說……

阿飛戀愛行銷講座

當妳要問候壞男人祖宗十八代的時候，

請先看看妳的電話簿裡其實還有很多好男人。

你做錯了什麼

喬治：為什麼？我到底做錯什麼事？
瑪麗：你沒做錯了什麼，只是我愛錯了人。

愛情裡頭沒什麼對與錯，就像你吃飯是要坐著吃，還是蹲著吃，只要能吃飽就好，沒人說你這樣吃不對。不過，如果你能倒著吃，記得通知我，好讓我去拍張照片留念一下。我曾經看過高中時代的室友，毫無尊嚴的跪在地上央求女友：『我做錯了，求妳再給我一次機會。』

女友並沒有再給他任何機會。事後，我問室友到底是做了什麼事，導致女友會如此不滿而分手，結果原因是為了連續兩年的生日他送的戒指尺寸都搞錯。面對這樣的情況，有的人可能認為再把戒指拿去換就好，何必大驚小怪？有的人卻會認為茲事體大，非同小可，輕者判警告一次，重者記大過免職。

我的室友做錯了嗎？

當然是做錯了，不過買錯戒指尺寸是一回事，與女友兩人的觀念與想法不同才是真正最大的錯誤。也許他女友會認為從買錯戒指尺寸這件事就可以看出他重不重視自己，但我室友他可能只是單純的記不清楚，或者是因為他那連內褲都會穿反的大而化之個性使然；我相信室友他當然很重視女友，當然很愛他女友，但因為兩人的個性與觀念已經有了差異，才會造成無法挽回的分手結局。

小楊是我另一個高中同學，這個人是出了名的熱心與講義氣。我曾經有次段考前夕，和他一起去速食店讀書，那天他一整個早上電話都沒停過，一下是幫人解說經濟學問答題的重點在哪，一會又是有人問他統計學的公式、有沒有要考動態分佈函數……結果到我們要離開時，我發現他自己連一頁課本都沒看過。

有次，有個同學失戀，小楊號召一人票同學，星期天帶著失戀的同學一起去KTV唱歌，幫他解解悶。才剛進KTV包廂不久，小楊就接到電話了，那時有行動電話可是件不得了的事情。講沒幾句話，小楊就對著電話大叫：『妳不要再鬧了，妳別亂來，我不同意，我要先陪朋友唱歌，晚點再連絡……』接著他就邊講邊走出包廂外頭。

小楊回來時，還非常豪氣的笑著對我說：『兄弟如手足，女人如衣服。有什麼事會比我朋友還重要，對吧？』

到了隔天，小楊臉色有如卡到陰似的，他拿了一封信給我看，還傻楞楞的對我說：『還是兄弟最好，對不對？只有兄弟不會離開我。』信的內容大概是說，因為小楊昨天沒有出現，她決定和別校的男生出去玩，對方對她很好，也追她追很久了，現在她決定要和那男生在一起。我還記得那時小楊因為勉強硬擠出來而顯得十分可憐的笑容，但他愛朋友與樂天的個性並沒有因此而轉變，他退伍後和一個與他個性同樣豪爽熱心的女孩子相戀，最後結婚。

對有些女人來說，在自己需要男友陪伴的時候，男友卻為了其他事情而不願相陪，這是罪不可赦的大事；但對有些男人來說，當朋友兄弟有難時，沒有義氣相挺，這是對不起自己良心的事情。愛情就是這樣，男人與女人都希望對方能夠體諒自己，都希望能夠以自己為優先，但是很可能雙方對於什麼是『優先』的定義有所不同，對於什麼是『愛』的觀念也有所不同。

我們永遠都期待對方能夠做到自己的標準，達到自己所定的目標，卻忘了檢視自己的標準與目標是否太嚴苛，試問自己是否也做得到。我們時常在指責對方、生氣對方，做錯了什麼事情，但不要忘了，這世界上沒有完美的人，你也不是完美的。我們都是在愛情裡學習成長，學習到什麼該做、什麼不該做，學習到什麼該說、什麼不該說，學習到什麼人是適合自己、什麼人不適合自己。在愛情路上，沒有跌倒幾次，怎麼知道如何走比較好。

我自己的愛情路並不順利，曾經被傷害，也曾經傷害別人。

我被女人說過不夠聰明，不懂得觀察女人的心思；我被女人說過不夠浪漫，連要送什麼禮物都還事前告訴她；我也被女人說過我不夠體貼，她身體不舒服，我還在看電視上的美少女穿水手服。

我要學習的東西還有很多，不過現在的我，不怕做錯什麼，我可能還是不夠聰明、不夠浪漫、不夠體貼，因為我還是我。雖然我會慢慢改進，但個性與觀念不是這麼容易就轉變的，所以我自己了解，我是要找一個符合自己『規格』的她，而不是找一個需要改變自己的『規格』去套用的她。

你做錯了什麼？

你沒有做錯什麼，只是愛錯了人。

阿飛戀愛行銷講座

電腦的規格，花大錢就可以升級；

愛情的規格，卻可能要用你的人生去換……

喬治：請再給我一次機會，好嗎？

瑪麗：好的，我給你重新追尋另一個愛情的機會。

男人不能沒有女人

今年跨年夜的一場朋友聚會，讓我深刻的體會到我們男人沒有女人是不能成事的，不……正確的說法應該是說：男人沒有女人，生活是沒有動力的。

事情是這樣的，今年的跨年夜幾個朋友打算遠離人潮洶湧的台北市區，畢竟要擠在幾十萬人中間看煙火兼倒數計時，如果沒有極大的熱情以及專業的訓練，基本上並不是我們正常人能幹的事。

於是我們計畫當晚遠離市區，前往朋友在金山的衝浪店，在北海岸的海灘上，大夥一塊烤肉喝酒，等倒數時刻我們再放煙火來迎接新的一年……

但是，計畫是永遠趕不上變化的。三十一號當天晚上，我們相約在其中一個朋友家集合，當我滿心期待的抵達現場後，發現到朋友家裡頭瀰漫著一股異常的低氣壓，絲毫感覺不出有一點要準備迎接嶄新一年的興奮與喜悅。

後來才了解，原來是當初約好要一同慶祝跨年的女伴們統統爽約了，不是剛好有工作要忙，就是另有安排其他行程……不過說實在的，如果我是女生，我也不太願意和四個無趣至極的臭男生一起跨年啊，所以也沒有什麼好難過嘛。

也許妳會說沒有女孩子陪伴，幾個好友相聚吃喝玩樂也可以開心啊……是的，我相信女人只要幾個好姊妹聚在一起，絕對就可以玩得開心愉快；可惜的是，大部分的男人是沒辦法做到的，事情不是女人想像中的那麼簡單……

這次的跨年烤肉party確定沒有女伴同行後，我朋友間就出現了這樣的對話……

『我們該準備出發去金山了吧？』我說。

A男：『可是今天好冷哦，聽說是入冬以來最低溫，我們現在去北海岸包準會變四根冰棒的。』

我想A男他的心裡其實想說：這麼寒冷的夜晚，當然要找個女人摟著取暖才會舒服，難道要我抱著你們這幾個臭男人放煙火嗎？那畫面能看嗎？

B男：『仔細想想，去北海岸路程還挺遙遠的，太累人了，不如我們就在家裡陽台烤肉吧？』

我想B男他的心裡其實想說：我那台車可是為了載辣妹才特別送去洗車打蠟的，況且現在油價這麼貴，來回一趟可要不少油錢呢，當然要載辣妹才值得，誰想載你們幾個臭男人啊？

C男：『烤肉其實滿累人的，而且你們每次都只顧著喝酒，都是只有我一個人在烤，不如我們換個活動好了？』

我想C男他的心裡其實想說：開什麼玩笑，以前我負責烤肉，全是為了向辣妹獻殷勤，好讓她們覺得我是溫柔體貼的居家好男人，要我烤肉給這幾個臭男人吃，門都沒有！

是的，男人沒有女人在，連玩樂的心情都沒有了。

如果有年輕可愛的辣妹在場的話，我敢打賭，別說是去北海岸烤肉了，就算叫他們去北海岸跳海都完全沒有任何意見！

其實男人並不是妳想像中的『群居動物』，若非必要，妳要男人跟一群男人瞎攪和，他會覺得還不如回家看新聞比較實在點。通常要有『獵物』出現，男人才會非得成群結隊通力合作。男人這樣的習性，其實從遠古時代就已經開始，只是當時狩獵的對象是巨大兇猛的長毛象，現在則是換成了胸大腿長的小女人……因此當一群男人身邊沒有足以挑起鬥志的『獵物』時，通常就會顯得軍心渙散、漫無軍紀。

況且男人對於『節慶』這玩意，相較於女人是比較冷感的。

舉凡是情人節、聖誕節、結婚紀念日、相戀週年……等日期，通常不像女人這樣的在意，也不像女人這樣的浪漫，因為基本上這些日子除了是用來考驗男人本身經濟能力之外，唯一令他期待的，大概就是在節日當晚『投入人力物力』後的春宵了。所以一群對節慶冷感的男人聚在一起，沒有女人在，根本就不可能有什麼慶祝跨年的心情與動力。

男人其實是種簡單的動物，他努力追求工作上的成就，其實是為了女人……

他用心記住每一則冷笑話，其實是為了女人……

他認真規劃假日的休閒活動，其實是為了女人……

他努力學唱ＫＴＶ的最新歌曲，其實是為了女人……

就連我現在寫的這篇文章，其實也是為了女人啊……沒有女人，男人真是成不了事啊！

後來我們真的沒有去成北海岸，決定改去距離比較近的八里左岸，在河岸邊放煙火慶祝迎接新的一年……

阿飛戀愛行銷講座

A男：『我朋友傳簡訊來，說他們準備和辣妹去陽明山看今年的第一個日出。』

B男：『你告訴他們，說我們詛咒在淡水河畔能看到今年第一對掉入河中的情侶。』

會做菜的女人

不知道是因為湊巧還是怎麼回事，我周遭同年齡層的女性友人幾乎都承認自己不會煮菜，甚至誇張一點的，連鍋鏟本身到底是長什麼樣子都還搞不清楚。有的女生還擺明告訴我，將來結婚的對象一定要會煮菜，自己是絕對不肯進廚房，怎麼能讓廚房的油煙味來破壞自己優雅高貴的氣質，所以肯為她下廚是男人必要的加分項目。

我想許多男人聽到後心中一定暗自淌血，心想老子還真命苦，我們男人為了吸引你們女人的注意，已經拼的眼淚都快流出來了，薪水夠不夠多，學歷夠不夠高，車子夠不夠貴，房子夠不夠大，現在居然還要再多一項『做菜夠不夠美味』？而且，會不會做菜，不是過去我們男人才會要求的條件嗎？怎麼時至今日會讓男人淪落到這種卑微的地步……

在現今這個女權高漲的社會，女性的社會地位已經不可同日而語。在過去父系社會的影響之下，『男主外女主內』一直是社會價值的主流，但是現在已經完全不同，男人過去風光神氣的日子已經過去了。論學歷、論收入、論能力，老娘可是一點都不輸你……你們臭男人憑著哪一點敢叫老娘替你燒飯洗衣做家事？是的，確實我們男人越來越不敢要求女人像過去一樣，凡事以夫為天，在家洗手做羹湯。

於是，會做菜的女人成為男人的奢想，變成男人之間的搶手貨……

小寶是我過去經常到夜店玩樂時的玩伴，與他稱不上是很好的交情，不過由於他人長得帥（我們戲稱是矮胖版林志穎），泡妞的手段又高明，自然受到我們這些男性友人的歡迎，因為有他一同去夜店玩，不用怕沒有辣妹陪著玩樂。小寶家境優渥，出門都是開著進口跑車代步，那時又剛從美國留學回來，以他的條件自然是許多女人心目中夢寐以求的對象。所以在我時常和他來往的時間，他身邊的女友替換速度簡直和模特兒走秀一樣快速，而他女友的條件也真的和模特兒差不了多少。

後來我不再去夜店玩，自然也慢慢的與小寶斷了聯繫。過了兩三年，輾轉從朋友口中得知小寶已經結婚，於是與兩個朋友相約去小寶家作客，道個遲來的恭喜。到了小寶家後，才一進門我就大吃一驚，因為他老婆實在與我印象中小寶所交往的女友類型差距太大，並不是說他老婆不好看，她是個秀氣清爽的女孩子，但絕對與我所看過小寶的女友們那種妖艷火辣差別很大。小寶老婆非常親切熱情的招呼我們，才一會兒功夫，客廳桌上就擺滿了茶水、水果、餅乾。

『你們邊聊天邊吃點東西吧。我去準備晚餐，別客氣，請留下來吃個飯再走。』小寶老婆說完話便走進廚房準備晚飯。我看到小寶滿臉幸福與愛意的表情看著老婆的背影。

『小寶，你的命真好，能夠娶到這麼好的老婆。怎麼認識的？』我問。

『我的高中同學。後來在高中同學會再遇到的，交換電話之後就時常一起出去吃飯喝咖啡，然後就在一塊了。她真的很好，改變我對於人生許多想法，願意包容我的個性，也願意默默在背後支持我、照顧我。不像是我過去所認識的女孩子，成天只想著去哪裡玩，哪裡有好吃的下午茶，哪個牌子的新款上市還沒買，口口聲聲說愛我，卻從來沒有真正關心過我，或是關心過將來。』小寶說。

我相信他老婆真的改變了小寶，我看到小寶當時的表情，已經沒有過去那種玩世不恭的神情，取而代之的是對於現在與將來滿意而堅定的神情。

『你們一定要留下來吃個飯再走，我老婆的廚藝可不是我自己在吹捧的，真的不輸大飯店的大廚，我第一次吃到她為我做的菜時，還差點感動到掉淚，因為除了美味之外，她也是第一個會為我做菜的女人。我會娶她，大部份的原因就是因為她的廚藝吧，哈哈……』小寶用著玩笑帶了些許驕傲的口吻說道。

我們幾個後來留下來吃了晚飯才走，小寶老婆的廚藝真的沒話說，雖然只是三四樣家常菜，但是吃的出來有下過苦心學過，我想光是『煎黃魚』這道菜，就要難到許多媽媽了吧？畢竟要把魚煎得漂亮又好吃，沒有一定的火候與功力也是不容易的事。

要離開時，小寶送我們下樓。『小寶，謝謝你的招待，恭喜你娶到一個好老婆，真羨慕你。』一位朋友忽然語重心長的說。

『我知道，謝謝你們，有空常來坐坐。』小寶微笑著說，然後與我們道別。

我不敢奢望也不會要求自己未來的伴侶會做菜，但我們男人總會不自覺地感嘆，願意包容我們、支持我們、照顧我們的女人越來越難找得到，倒是女人們開始會反過來要求我們要包容、支持、照顧她們；男人渴望有個會做菜的女人，其實背後的涵意在於對家庭溫暖的渴望，期盼有人會關心他，期盼有人會照顧他。親愛的妳，愛情裡是互相關懷與支持的，在妳對於男人的要求越來越多的同時，請妳也試著想想自己是否也能做到相同的要求。

阿飛戀愛行銷講座

或許妳不會下廚，也從來不曾下過廚，
找機會為妳的男人做個晚餐吧，
這對他來說，肯定比任何禮物都來得珍貴……

令男人卻步的四種女人

通常愛上一個人是不需要任何理由的，不過討厭一個人卻是鐵定有理由的。

老實說我們男人已經稱得上是很好伺虎的了，基本上以不妨礙市容為原則，有些更有『職業道德』的男人則是以『燈一關，眼一閉，牙一咬，忍一下還可以接受』為最低標準。所以大部分男人對於女人大都還是給予正面的評價居多，通常以『門面』為主要的評斷依據。

雖然男人多數以『外在條件』及『內在技術』做為評價女人的標準，但是有四種類型的女人無論她的外表多麼美艷動人、嬌艷欲滴，她的床上技術多麼令人欲仙欲死、出神入化，還是會讓我們男人望之卻步，甚至還想避而遠之。

我把這四種女人分類為：『大和拜金女』、『超級玩美女』、『嗆辣毒舌女』及『悲觀愛哭女』。

大和拜金女

如果你有看過日劇『大和拜金女』大概就知道拜金女的特色了。這類型的女人稱得上是男人最討厭的女人，不過如果妳的長相像是松嶋菜菜子那樣有氣質又亮麗，自然就可以扳回不少分數。

通常拜金女不外乎有個性積極、勢利現實、懂得打扮、全身名牌等等的特質。愛名利愛錢財的女人從古至今向來不少，如果親愛的妳剛好是位拜金女，其實也沒有什麼好可恥的，只是會讓男人覺得可恨而已。

有些女人真的是只要對方有錢就好，管他的長相活像是被卡車輾過，管他有沒有殺過人、放過火，還是姦淫過八十歲的老太太，她都可以為他精心打扮、擠奶爆乳、逢迎拍馬外加做牛做馬……必要的時候，甚至可以透露一下安全期是什麼時候，只求換取對方的注意。

拜金女們擇偶的條件，第一眼通常是以對方的車鑰匙為首要評斷標準，以皮夾裡的信用卡等級與現金數量為次要標準，而身上手錶配件的價值則是加分項目。所以像我們這種不成材的男人們，她是連正眼都不會瞧一下，甚至連靠近她一點都不行，生怕會不小心吸到我們身上的窮酸味。於是大夥只能眼巴巴看著拜金女對著『小開』噓寒問暖、投懷送抱，妳說男人能不恨嗎？

不過我得老實說，通常這種女人也最容易遇到爛男人。她們往往只能看到虛華的外表，等到自己一頭栽進自以為是的富貴生活，最後才發現對方其實是個沒錢專吃軟飯的男人，慘一點的還會被他當沙包照三餐練拳頭，原來以為未來一片曙光，結果卻是人財全被騙光。

嗆辣毒舌女

這種女人的存在，彷彿是以打擊男人自尊為己任，以消滅男人自信為宗旨。她們可以在任何地點、任何時間拆男人的台、吐男人的槽，過程行雲流水，有如滔滔江水一發不可收拾，簡直就像是水果日報的記者附身，爆你的料兼公開你隱私，還真以為她自己是『有佛心來的』。

毒舌女的奧妙之處，在於遍佈於同事朋友情人之中，令人防不勝防。平常外表溫柔婉約，讓人絲毫感覺不出一點威脅，但事實上她們通常言詞犀利，俠女性格，出招迅速，三句話內殺人於無形之間，輕鬆達到兵不血刃、即可攻城掠地之成效。

男人通常對於這類型的女人沒轍，可能口才沒有人家流利，也可能根本來不及反應。況且她們吐槽的事情可能也是事實，我們想反駁也沒有任何立場，往往只能幹在心裡口難開，默默的在心中淌血，暗自發願日後如有機會一定要塞爆她的嘴，無論是用任何東西……

其實毒舌女的出發點也是好意，她天生看不慣男人說話喜歡吹牛膨風……明明七周才一次，偏要說他一夜可以七次，中場完全不用休息；明明領的薪水是時薪一百塊上下，偏要說他一秒鐘幾十萬上下，這次聊天就算是免費招待；明明是向對方求愛被拒第八次，偏要說他被八個女人瘋狂求愛，還讓他感到非常苦惱……這些話在她耳裡聽來，是多麼不要臉兼沒營養，不把他戳破，老娘就枉為女人！

但她殊不知這些話語是男人用來麻痺自己、催眠自己，靠著脆弱到風一吹就散的僅有自尊，好讓自己可以繼續活在這個痛苦多於快樂的人世。

親愛的妳如果真是佛心來的，千萬別再掀我們的底，別再戳破我們幼稚可悲的謊言了。

超級玩美女

顧名思義就是很會『玩』又長得『美』的女人。

這種女人容貌姣好，身材又火辣，再加上風趣幽默，腦筋又靈光。嚴格說起來，除了她們和凡人一樣也會拉屎放屁之外，我實在找不出什麼點來挑剔她了。美女其實在街上比比皆是，但是風趣幽默又懂得玩樂的卻不多，加上人生苦短，男人快樂的時間往往也只有『嗯』一聲的瞬間，有個能逗你開心又能享受生活的女人陪著，你說這樣有多麼正點啊？

親愛的妳一定覺得很生氣，我們能夠遇上這樣完美的女人，沒有早晚三炷香感謝祖上積德已經很過分了，居然還敢討厭，還想逃跑，難道不怕因為暴殄天物而遭到天打雷劈嗎？

是的，正因為『此女只應天上有』，玩美女人從小到大已經身經百戰，她交手過的男人可能比我們用過的保險套數量還多，她太懂得男人心理（身體也摸透了），又懂得運用外在的優勢，無論在任何場合她都是所有男人注目的焦點……

男人帶著玩美女人出現在公開場合，就有如開著法拉利敞篷跑車用著十公里時速在市區遊行的心態。

但是男人這種虛榮的心態通常很難轉換成愛情，因為大多數男人是沒有自信能夠駕馭玩美女人的，與其說討厭她，不如應該說是害怕她。

這點就是男人自我矛盾的地方，成天乞求老天讓我們遇上夢寐以求的情人，就算要折損十年陽壽也願意，但是真正讓我們遇上了，卻沒有自信能夠永久的擁有她，於是大部分的玩美女人往往只能成為男人的一夜情對象，而不是他一生的伴侶……

悲觀愛哭女

相對於毒舌女，愛哭女則是用來打擊我們男人的民心士氣，是來考驗男人的耐心與毅力的。

很多女人誤會男人特別憐愛柔弱愛哭的女人，天殺的，我們大部分的男人都不是《紅樓夢》裡的賈寶玉，所以當然不可能全都會愛林黛玉。

女人如果偶爾裝柔弱哀怨撒嬌，我們男人也許會覺得疼愛憐惜，但是如果時常來跟我們搞『哭倒長城』的戲碼，把自己的痛苦建立在別人的無奈上，任誰都無法忍受吧？

並不是所有的愛哭女都令人討厭的，如果只是天生感情充沛，看到動人心弦、賺人熱淚的電影戲劇就會忍不住想哭；或者是生性悲天憫人，看到新聞報導裡頭，一家五口擠在三坪大的狹窄空間，每天只靠收集附近餐廳的剩菜剩飯過日子的悲慘案例就會忍不住掉淚，這些我們男人是可以認同的。

但是真正的悲觀愛哭女是讓男人避之唯恐不及的！也許她會呼天搶地的哭訴自己天生八字只有二兩重，一生注定坎坷，災難重重，抱怨命太苦現在又被男人騙了，完全忘了如果不是當初自己把好友的勸告當成耳邊風，也不會淪落到現在如此下場；也許她會哭夭同事耍心機、搞小團體，還在背地裡說她私生活很淫亂，自己真的很委屈，完全忘了自己現在正含著淚水，一邊褪去性感內衣，一邊對著身為老闆的你打小報告；也許她會哭著告訴你，她的愛情路走得好辛苦，為了對方付出心力卻得不到任何回報，後來才發現她從未表白過心意，對方根本不知道，原來一切全是她自己演得很高興的悲情內心戲……

親愛的妳必須了解，我們男人的人生不是用來悲觀的，也不是用來讓妳哭夭的。妳要知道，現在油價一直漲，薪水卻沒漲，老闆的新車一直換，我們卻是每天公車一直換，沒辦法，為了上班得要辛苦的轉好幾班車才能到公司……生活已經如此辛苦，如果每次見面都還要聽妳抱怨訴苦，還要看妳滿臉愁容，說不定我們還比妳先去燒炭自殺了。假如事情可以用哭和抱怨就能解決，我們自己哭就好了，還輪得到妳來哭夭給我們聽嗎？

阿飛戀愛行銷講座

什麼是男人眼中的完美女人？
只要摸不到的、把不到的，都算！
不然妳以為雜誌封面女郎是用來幹嘛的？

PART 3
阿飛不負責愛情講座

男友醋勁大

星期五晚上，正當許多人正準備下班趕去赴約，或是正在呼朋引伴要去週末狂歡時，我還坐在公司的電腦前，為著工作的生死存亡奮戰著……

正在為新的使用者介面提案傷腦筋時，MSN忽然跳出閃爍的橘色視窗，原來是我曾經寫過的〈為什麼妳交不到男朋友〉那篇文章中的女主角S。

『還在公司嗎？我剛去做臉回來，今天休假。』S是從事服務業，休假是排休制。

『很久沒見面了，本來想今天約你吃飯的，不過……』我還來不及回話，她已經開始劈哩啪啦繼續自說自話。

『沒關係啊，我最近工作也比較忙，妳現在休假應該都忙著跟男朋友約會吧？到時再喬時間吧！不過什麼？』掐指一算，依我對她的了解，會一個多月沒她的消息，通常是已經處在新戀情的甜蜜裡，她可算是標準『有異性沒人性』、『有男友沒朋友』的典範。

『你怎麼知道啊？我正想跟你說，本來想找你吃飯的，但是他真的很會吃醋，所以想想還是算了。』看吧，鐵口直斷，我大概可以去行天宮的地下道擺攤算命了。

『是哦，那妳可以找他一起出來吃飯啊，我也想見妳的新男友，大家認識一下啊。』我能了解大部分的人自己女朋友和男人出去吃飯，心裡通常會聯想成『出去炒飯』，大家一起出來吃飯比較不會讓他亂想。我也是真的想認識她的新男友，如果看過〈為什麼妳交不到男朋友〉的人一定知道S是個對男友多挑剔的女人，我當然很想見識一下這位Mr. Perfect。

『不行，我問過他了，他說要和男生出去就不要讓他知道，他一定會不高興，我說只是吃飯而已啊，但他還是說不行。』看得出來皇上已經下了聖旨，所以臣妾不得不從的無奈與害怕，你看她這段話有多少個『他』啊，也許應該把『他』改成『聖上』可能比較貼切點。

『連大家一起出來見面都不行？是他很害羞嗎？還是因為我是男的所以不行？』

我好奇的問。

『不行，只要是男的都不行，他說不能讓他看到我的男性朋友。』哇，那不只是『皇上』而已，應該像希特勒不想看到猶太人一樣，所有男性朋友全都應該消失！

『嗯，沒關係，那就算了啊。』既然人家『皇上』都已經下旨了，我可不想發生被人拖出去斬了，還是被抓去浸豬籠的情事，那可冤枉啊！大人。

『可是上次我說要拿給你的東西都還沒給你呢。』東西？老實說我都忘了她要拿什麼給我，年紀真的大了，開始懷疑自己變成『明日的記憶』的男主角，得了早發性阿茲罕默症。

『沒關係啊，不急，等有機會再拿給我吧。』為了怕人家覺得我沒把她的話記住，只好先這麼回答，心裡還在用力回想著，後來才想起來是條項鍊，因為她覺得自己戴起來不好看，於是打算送給我，就當作資源回收。

『我覺得為什麼有男友以後，就不能有男性朋友？可是站在對方的立場想，我大概也會這樣吧？』老實說，會從她嘴裡問出這種問題，我差點把口中的綠茶噴到公司的液晶螢幕上，我還比較想問她：『為什麼有男友以後，所有朋友都很難找到她？』

『嗯，每個人觀念不同，會替對方著想很好啊。』妳這個見色忘友的傢伙，哼！害我連鼻涕都差點噴出來了。男女交往時，『獨占性』是很強烈的，但S的這位男友算是讓我大開眼界了。女友的所有男性友人統統不想見到，對於雄性生物完全是『排他條款』，我腦海裡忽然浮現Animal Planet頻道的畫面，一隻公獅子正在廣闊的非洲草原上，賣力趕走地盤裡其他的公獅子。

『那他也都沒有任何的女性朋友嗎？』我開始對『皇上男友』的心態感到有趣，決定追問一下。

『有啊，他說他那些女性朋友都是大學時代的同學，要發生什麼事早就發生了。我說我也是啊，我說我的男性朋友也都是認識很久的啊！他說不一樣，他說男人對女人一定都是有什麼企圖的，只是沒表現出來而已！』S不知是情緒激動還是擔任服務業的職能忽然啟動，打字速度忽然飛快了起來，一下出現了這麼多『他說』、『我說』，這句話我花了一點時間才理解清楚。

『那妳應該要求他雙方要平等對待吧，我覺得這樣不太合理。』雖然我也相信真的有很多人是女友當不成變炮友，炮友當不成變朋友的，但『皇上男友』太過霸道了吧？自己可以有異性朋友，女友卻不行，根本是『只准州官拉屎，不准百姓放屁』。

『算了，畢竟要互相尊重啊，我相信他也不會亂來的。』媽的，這樣也叫互相尊重啊！妳這跟『割地賠款』有什麼兩樣啊？要不要讓他順便在妳家門口畫條線，然後寫著：『男人與狗不准進入！』

『好吧，妳覺得快樂就好，畢竟談戀愛的人是妳囉。』雖然我內心對於S的想法充滿著同情與不屑相互交錯的複雜情緒，但想想她也正投入新戀情的甜蜜中，多說無益。

『我跟你說，上次我們在家看電視，電影台正在播郭富城的〈三岔口〉，我說郭富城超帥超有男人味的，結果我男友就生氣叫我轉台，你說他可不可愛？』S從我十年前認識她時，她就已經非常喜歡郭富城，沒想到十年過去，她的口味還是沒變。

『誰可愛？妳是說郭富城還是妳男友啊？』我裝傻，因為我實在不覺得『皇上男友』的這種舉動有什麼可愛的。

『我男友啊，他是真的生氣呢，不是假裝的哦，哈哈……好好笑哦！』難怪你們兩個能當男女朋友，果然是『周瑜打黃蓋』，一個願打、一個願挨嘛！

『呵呵……』這個笑聲意義深遠啊！希望妳聽得出來啊，黃蓋！

『還有一次，我們在西門町看完電影遇到我兩個專科同學，去年同學會後就沒再見面了，在路上遇到當然很開心聊了一下，我男友就不開心了，回去的路上都不和我講話。』這樣又有什麼好不開心的，我越來越不懂『皇上男友』的心態。

『他是不高興什麼？因為你們聊太久，所以他站太累不開心？看到妳同學就不開心？還是電影太爛才不開心？』我這樣問怎麼感覺很像在說斯斯有三種，不開心也有三種似的，阿飛醫師正在問診中。

『我問他，他都不說啊，我猜是因為我們聊太久了吧，他跟我同學不熟啊，所以很尷尬吧。』嗯，診斷出的病因是聊太久和看到同學兩者都有，櫃台領藥去吧。

『那麼妳男友生氣的點還滿有特色，哈哈。』其實我是想說：『他是不是有躁鬱症啊？』

『晚點要和他去看電影，他要先送同事回家再來接我。』同事？應該是女同事才對吧，這位『皇上男友』您還真是雙重標準啊。

『是哦，真幸福啊，有男友陪妳看電影，他送同事回家妳都不擔心哦？是男的嗎？』希望我這麼說能夠提醒妳啊！

『我不知道耶，反正是同事，順道送人家回家也沒什麼啊。』好吧，也許是我多慮了，當事人都不擔心了，我這路人幹嘛瞎攪和?!

『嗯，好吧……』我已經沒什麼力氣再聽他們兩人的故事了。

『那我要先去準備出門了，有空再連絡，８１。』Ｓ在打完這句話的同時，ＭＳＮ狀態也顯示離線了，還真是火速離開現場啊。

看著她顯示離線的ＭＳＮ帳號，我忽然覺得心中有『風瀟瀟兮易水寒，壯士一去兮不復返』的感慨。保重啊，黃蓋小姐。

阿飛戀愛行銷講座

有人把一廂情願的退讓當成是『尊重』，

這樣的感情我個人是完全不看好的，

希望大家都能找到真正能『互相尊重』的伴侶。

男人很笨

有位讀者來信問我的內容大概是說：你說男人像狗，形容得很貼切，但我覺得你們男人也像是頭豬，因為男人總是不知道我們女人在想什麼、要什麼或是氣什麼，簡直和豬一樣笨。

就拿我的男友來說，昨天休假我專程去他家找他，他沒帶我出門走走就算了，居然還給我玩了一整天的電玩，完全把我晾在旁邊發呆，事後還敢問我怎麼了，在生氣什麼，你說男人像不像頭大笨豬呢？

老實說，這個問題讓我坐在鍵盤前面發呆了很久，因為我實在不想承認，大部分的男人確實是反應遲鈍，尤其是對於女人複雜又敏感的心理，其中也包括我自己在內……

我曾經陪女友逛街大肆購物後，她陪著我去逛書店，我在書店裡頭悠閒的看書，女友她卻得提著大包小包的東西跟在我後頭，活像是陪著公子看書的小書僮，事後女友當然是非常生氣，而我卻渾然不知她為何發脾氣。

我也曾經與女友聊天時，提到一個女性友人的趣事，自己講得起勁又開心，但女友臉色卻是越聽越難看，問她怎麼了也不說，後來問朋友才知道有些女孩子不愛聽自己男友聊起其他女人，更何況還在她面前聊得很開心。

我還曾經遇到女友在床上演出『老爺，我不要啊……』的戲碼，我居然還真的當真住手，早早退場休息，結果女友氣到隔天晚上『我不要啦……』的演出是給我來真的。

我知道，親愛的妳非常生氣我們男人怎麼這麼笨。不過，我得告訴妳，其實這種沒有心機的男人才是真正可靠又聽話。

我也了解女人總是希望男人能夠了解自己、在意自己，最好老娘一個眼神就要知道我想要什麼，最好姊姊我一句話就要知道我話裡頭的含意，當然這些事情對於經驗豐富的情場老手而言，就像是上完廁所要沖水一樣的自然。

但是對於大部分的男人而言，卻經常會把自己搞得如臨大敵、神經緊繃，生怕言行稍有不慎，就得罪了老佛爺您啊……

我們經常聽到人們在說經營感情是需要溝通的，可惜的是，許多女人會認為有些事情及感覺是只能用『意會』，但是不能用『言傳』……天殺的，如果不能用嘴巴說，男人是要怎麼和您溝通啊？難道要我們男人都要去練就一身特異功能，才能與您用心電感應來溝通，還是要我們去找間廟拜師學習通靈之術，請神明降駕來我們身上，才能了解妳在想什麼氣什麼，這樣也許還能三不五時來個爬刀梯之類的特技，順道可以娛樂一下親愛的妳。

其實除非妳的男人不在乎妳，不然他當然恨不得自己真的可以通靈，可以心電感應，可以了解心愛的妳的心思，就像他也希望妳能了解他的心思一樣。

男人很生氣自己不夠聰明，老是猜不透妳為了他所說的哪句話，做的哪件事而生氣；男人也生氣自己不夠浪漫，老是滿嘴廢話就是說不出口一句情話；男人還生氣自己不夠體貼，老是只顧著看球賽，卻忘了親愛的妳生病還在ㄘㄨˋㄚ塞。

這些大部分的男人都知道也很想改進，只是希望親愛的妳能了解，就像妳也很難改掉看到漂亮的衣服、鞋子和包包就忍不住想買的習慣，就像妳那化腐朽為神奇的化妝技術也是經由不斷的學習及練習而來的，所以男人的體貼與細心，也是需要時間去學習改進的，很多事情如果女人不說不教，男人是根本不知道該怎麼做的。

愛情不是像童話故事裡的灰故娘一樣，穿上那隻高跟鞋後，就會從此過著幸福美滿的生活。愛情也是現實生活的一部分，生活上有許多事情是經由學習而來，相對的愛情也是如此。我們都在尋找真正適合自己也深愛彼此的伴侶，但是找到了也未必就從此幸福快樂。

在愛情裡、在生活裡，我們要學習的東西太多了，每個人都是不同的個體，有不同的想法，有不同的成長背景，你真的相信灰姑娘嫁進皇宮後就一切順利美滿嗎？我相信她也要學習許多自己未曾遇過的事物，也要克服許多自己未曾想過的困難，才能與白馬王子白頭偕老。

親愛的妳，也許妳的男人很笨、反應很慢、講話很呆、頭頂很禿、肚子很大、脾品很差、賺錢很少，聽起來缺點很多，可是妳就是很愛……為什麼？沒有為什麼，愛情就是這樣，討厭就是討厭，喜歡就是喜歡。如果妳確定自己愛他，也希望開心快樂的相處下去，與其讓他不斷的做些蠢事來氣妳，妳為何不給他機會，告訴他妳在意什麼，也去了解他在意什麼。

我們沒有人是完美的，妳都曾經認為壞男人會為了妳變好，難度這麼高的事情妳都肯去試，為何不試著讓妳那心愛的笨男人會為了妳變聰明呢？

對了，最後我要補充說明一下，其實豬並不笨，我會承認男人像豬的原因是：容易飼養、適應能力強、繁殖能力快……嗯？怎麼好像是在形容蟑螂?!

阿飛戀愛行銷講座

親愛的妳，也許妳的男人很笨、反應很慢、講話很呆、頭頂很禿、賺錢很少，聽起來缺點很多，可是妳就是很愛……

為什麼？沒有為什麼，愛情就是這樣，討厭就是討厭，喜歡就是喜歡。

但是，遇見像豬或像狗的男人，總比遇見連豬狗都不如的男人好吧？

愛情駕照

經常聽到女性友人告訴我，她不敢再談戀愛，對愛情已經沒有憧憬。不知為什麼，每當我聽到這種話時，總會聯想到『開車』這檔事。

其實，在我尚未到能考駕駛執照的年紀時，就已經偷偷地開過車子上路，這件事情我的家人到現在都還不知道。

我第一次開車，是同學為了擺闊裝排場，租了一輛車子去接送他心儀的女孩子。同學非常夠義氣，把租出來的車借給我試駕，車子一發動，我把油門當成是煞車用，直接就往前面路旁的檳榔攤筆直衝去，結果那個無辜的檳榔攤，活生生的被往前推進了將近五公尺。還好，人車平安，倒是裡頭的檳榔西施呆坐在高腳椅上一臉錯愕。

不過發生這樣的事情並沒有嚇到我，也沒有澆熄我學會開車的決心，只是我同學當時其實是很想哭吧。總之，當天我還是順利上路了，開車其實沒有想像中的困難，擦撞個幾次就可以學會，後來也順利考到駕駛執照，而且從未參加過駕駛訓練班。我知道，其實還有很多人就算已經考到了駕照，仍然還是不敢開著車上路。

其實，我想說的是：不敢，永遠學不會。害怕，永遠學不來。

現在，我想問你的是：你是想談戀愛卻怕受到傷害，還是怕受到傷害才不敢談戀愛？

看起來兩者似乎相同，你是怕談戀愛，還是怕受傷害，其實不同。就像開車，你會害怕車輛本身，還是害怕發生車禍。如果你問開車的人，怕不怕車禍，他們應該都會說怕，那你問他們，還要不要開車，他們應該也不會說不要。

車子本身沒什麼可怕的，除非你生長在中東國家，運氣差一點的，也許會遇到汽車炸彈這種鳥事，遇上也只能怪自己的命不好。所以戀愛本身也是同樣沒什麼需要害怕，戀愛是美好的，不美好，大不了就不要再繼續而已。

怕受到傷害，我可以理解，我們都會害怕。但我無法理解，你為什麼要害怕談戀愛？台灣人口約有兩千三百萬，海外華人人口約有六千萬，中國人口約有十四億，全球人口約有六十五億。我們這麼計算好了，先扣掉了你覺得外型太高、太矮、太瘦、太胖、太黑、太白、太黃的人，再扣掉那些你認為個性太溫、太兇、太賤、太衝、太煩、太怪、太呆、太悶的人，也許還要扣掉那些『太宅』在家都不出門的人，就算已經扣除了這麼多人，事實上我們遇到戀愛的機會，還是遠遠超過陽明山花季時滿山遍野綻放的花朵，或許連你出門丟個垃圾，你在家叫人送桶瓦斯，都可能會遇到適合你戀愛的對象。

既然機會這麼多，你有什麼好怕的？你不需要被魚刺傷到就從此不吃魚，被棒球砸到就從此不打球，跟朋友翻臉就從此不交朋友。當然，機會多並不代表不用珍惜，就像是你打麻將，並不是你每把牌都能拿到清一色，就算拿到了，到底能不能胡牌都還是個未知數。

不用害怕戀愛，珍惜眼前這段美好良緣，不用害怕受傷害，因為最後到底是誰傷害了誰，誰都不敢打包票。

希望你學習在戀愛中與對方共同成長。如果把愛情比喻成開車，也許是你當正駕駛，他當副駕駛，也許有時是位置相互對調，在愛情的路上，就是需要彼此帶領著對方向前進，終點在哪裡，就看你們彼此的努力與協調，路上或許崎嶇難行，偶爾難免會有小意外，但這些都是成長的必經過程，隨著經驗的累積，無論遇上再困難的路況，相信你們都能夠同心協力一一克服。

如果愛情真有駕照，你的情人就是你的教練，你的每段戀情就是你的考試與練習，你擁有的美好姻緣將是你專屬的愛情駕照，是一張永遠不會到期、不用換照的幸福執照。

阿飛戀愛行銷講座

開車技術再好，都不敢保證不會出車禍。
戀愛經驗再多，都不敢保證不會出事情。
重點是，無論你是出車禍還是出事情，
不要老是先問候人家的老母親好不好……

挑選伴侶像買鞋

我自己覺得男人與女人挑選伴侶的習慣，基本上跟買鞋子很相似。

每個人買鞋子當然會以外型為首要考量，款式與顏色喜不喜歡確實是很重要，我們挑伴侶通常也是會先以外表順不順眼，合不合自己的意，來決定是否要繼續交往；男人也在乎鞋子舒適度，是否合穿，走路好不好走，不過女人卻經常為了鞋子穿起來好看，管他合不合腳，走起來舒不舒服，就算那雙鞋子根本不符合人體工學，或者緊到都以為是在裹小腳，但是為了好看漂亮，她也願意忍著腳痛，穿著鞋子上街走台步。

男人買鞋子也比起女人更注重功能性，你光看籃球鞋的功能分類，就知道有多注重了，有前鋒專用的、後衛專用的、加強彈跳的、加強保護的、室內用的及室外用的等等，有太多種不同的功能分類，更不用說，還有什麼紀念鞋款和明星設計鞋款。

同樣的，男人對女人也是有功能性的區分……小花是吃飯閒聊時可以找的，小莉是傷心難過時可以找的，小芳是討論工作時可以找的，小惠是遊戲衝等級時可以找的，小美是夜晚寂寞時可以找的，只有女朋友是要具備全功能的。

男人買鞋子也比起女人更實際點，考慮得也更多，到底會不會經常穿到，價格划不划算，材質耐不耐穿，這個月的飯錢還夠不夠；所以男人挑選女人也是很實際，會不會很難追，會不會很花錢，會不會很難伺候，會不會很耐操，她爸媽會不會很難搞。當然，上述的因素其實女人也都會考慮，但是女人通常只要是喜歡上了，不管是鞋子還是男人，那些考慮因素就會眼睛一閉當成什麼都沒看見。

另外，我們大部分的人都不喜歡借人家鞋子穿，就像你不太可能會願意把男友女友借給人家用一樣，所以我們男人的女友如果背叛他，在外面搞七捻三，我們都會罵她：『妳這隻破鞋！』基本上，破鞋我們男人是不會想再去穿它的，除非是一時找不到鞋子穿，只好先將就穿一下……

女孩子對於不合腳的鞋子，忍耐度真的比我們男人強很多，就像是對於那些不適合自己的男人也是一樣，為了愛，她都願意忍耐。

也許那雙鞋真的很亮眼，穿起來能讓妳吸引到眾人的目光，但是妳試穿時明明就是不合腳，才沒走幾步路，妳就已經痛到想罵髒話，我實在不懂為什麼妳還願意忍受？還要騙自己說穿久就習慣了？就好比是這個男人雖然帥氣又多金，但是你們的個性、價值觀都不同，甚至於他還會劈腿偷吃，外加找妳練拳頭，妳還要為了他的帥氣多金而繼續忍耐下去嗎？

關於對鞋子不合腳的忍耐度來說，我們男人通常是沒得商量的。就算是這雙鞋子的設計多麼特別、款式多麼新穎、價格多麼划算，只要試穿過不合自己的腳，沒有適合自己的尺寸，無論自己有多麼喜愛這款鞋子，我們還是會選擇放棄，大不了再去挑選其他不同但也許類似的款式。在愛情裡，男人也是如此，合適就是合適，喜歡就是喜歡，沒得商量。

對於挑選伴侶我們都有自己的喜好，就和挑選鞋子一樣，有人重視外型，有人重視材質，有人則是重視價錢。無論你重視的是哪一點，你都要先看看適不適合自己，自己有沒有能力買來穿。

有人明明穿長筒靴不好看，他就偏要穿，有人明明連吃飯都有問題了，他就偏要買；在愛情裡也是相同的，先了解自己是什麼樣的個性與條件，再去找真正適合自己的伴侶，才會找到真正的幸福。

請記得，穿著適合自己的鞋，路才走得遠，千萬不要成為那種認為有鞋穿總比光著腳走好的人啊……

阿飛戀愛行銷講座

對於挑選伴侶我們都有自己的喜好，就和挑選鞋子一樣，

無論你重視的是哪一點，你都要先看看適不適合自己，有沒有能力買。

不合適的情人就像是不合腳的鞋子，

你不要以為穿久了就會舒服！

親愛的，我想來一下，好嗎？

他半夜肚子餓時，如果妳剛好會下廚的話，他應該會『麻煩』妳幫忙弄一點吃的；他的香煙抽完了，王建民的戰況卻正吃緊時，他可能會『麻煩』妳幫忙去買包煙；但是他晚上睡覺時想要『來一下』的時候，大部分男人卻會認為這是天經地義的事情，直截了當就要求女人，甚至乾脆連知會都不用，直接腳就跨上來了，好像妳是他剛買回來的充氣娃娃，幹嘛還需要問：『親愛的，我想來一下，好嗎？』

古時候皇帝老爺如果要臨幸哪個妃子，那妃子鐵定是要『謝主隆恩』。大部分的男人從他們懂事以來，由於是父系社會與自古以來的納妾慣例，讓男人自覺是高高在上，以為他們在任何時刻想要就可以要。

更何況這種事情，小時候老爸應該是不會坐在榕樹下蹺著二郎腿、抽著長壽煙教他們怎麼做，學校老師也不可能在黑板上幫他們列出重點講解練習，朋友、同學之間更只會比誰的老婆、女友比較聽話，於是造就了男人『和我來一下，也是應該的啊』的錯誤想法。

其實男女雙方在性事上面，是需要互相尊重的，對方並不是服『義務役』也不是充氣娃娃，真正的肉體歡愉應該是先建構在精神上面，是需要安全感及信賴才會有感覺。

也因為男人在這檔事上是不太需要注意精神上的感覺，就會很容易忽略了對方的感受。（當然我也聽過女方需索無度、無視男方感覺，不過這種例子實在是太少數了。）

舉例來說，男人就像是快艇，喜歡橫衝直撞，很快就衝到終點；而女人卻像是木筏，喜歡緩慢的前進、體會沿途的美景，並不急著結束旅程。如果懂得相互尊重與協調，讓雙方共乘一艘遊艇，共同享受其中的樂趣，那不是更加美好嗎？

也許妳會說：『問題是你們這些臭男人才不會懂得尊重呢。』

那妳有向他提過自己的想法嗎？或者有可能妳真的老是拒他於千里之外呢？既然我們老爸、老師都沒有教過這些事，妳就發揮『公德心』教教我們男人怎麼做吧！我相信他真的愛妳，做這麼一點小小的改變應該沒什麼問題，也許改天會變成男人要『謝主隆恩』也說不定呢！

而男人們，我們在日常生活中，和另一半相處時都可以時常說：『請、謝謝、對不起』是吧？當然我不是要你在床上對她說：『請張開』、『謝謝妳的配合』、『對不起，我要來了』，只是最起碼的詢問意願應該不困難，你也希望對方開心也能享受性愛的過程吧？以後試著體諒你心愛女人的心情，不然改天人家決定『提前退役』，你就欲哭無淚囉。

阿飛戀愛行銷講座

大部分的男人從他們懂事以來，以為他們在任何時刻想要就可以要。

既然我們老爸、老師都沒有教過這些事，

妳就發揮『公德心』教教我們男人怎麼做吧！

偏執

我承認，我是個矯情、做作，又有些偏執的男人。

我喜歡看書，我買書偏愛去誠品書店，只是因為感覺上在那裡逛的人比較有氣質；我偶爾會買生活用品，我偏愛去無印良品採買，只是因為感覺上在那裡賣的東西比較有質感；我也喜歡喝咖啡，我偏愛喝星巴克的熱摩卡，只是因為感覺上在那裡買咖啡的人比較有品味……

事實上，在誠品書店裡頭，經常可以看到有人坐在地上成大字型，攤在那裡邊挖著鼻孔邊看著雜誌，也沒比路上的歐巴桑有氣質多少；無印良品所賣的產品其實大部分也是Made in China，相同類似的商品，在大賣場的售價可能只有它的一半，所謂的質感，說穿了只不過是店內的陳設與氣氛罷了；而每到假日的星巴克門市，時常會看到有父母攜家帶眷一起去喝咖啡，然後現場就有如麥當勞的兒童區一樣嘈雜喧鬧，他們的小孩用著高八度的尖銳刺耳叫聲，在店頭店尾之間，來回追逐，讓你根本無法和品味聯想在一起……

相對於我在生活上的矯情、做作與偏執，我在女友的外型選擇上，還真的可以稱得上是包羅萬象、有容乃大。從清純可愛的學生型到性感火辣的女神型，從明亮動人的大眼睛到氣質清秀的芝麻眼，從豐腴的楊貴妃到瘦弱的林黛玉，都曾經走進我的生命中扮演了極重要的角色。

朋友也問過我為何這麼不『挑食』，挑食?靠，又不是去吃歐式自助餐，愛情這種事往往不是讓你可以東挑西揀的……仔細回想，我也並不是不挑，其實前女友們都有一個共同點，就是個性開朗健談。

對我而言，開朗健談這個點是重要的，至於外表，只要不會讓我經常從睡夢中嚇醒，基本上是不會有太大的影響。大概是因為我自己在工作之外，私底下是個極度放空、懶得說話的人，所以潛意識裡會想找個有反差的女友，不然兩個都不愛說話的人在一起，豈不是無聊死人了，又不是要演出默劇?!

有些女生很好奇我們男人為何總會交往不同類型的女友，事實上無論男人所交往過的女友類型有多麼不同，其實一定有個重點是他自己所重視的。

例如拿朋友阿西來說，他的擇友條件高矮胖瘦統統不重要，唯一要求的重點就是對方罩杯大小，以『讓人無法一手掌握』為原則，他的名言就是『有奶便是娘，沒奶心就涼』，對他而言，罩杯沒有C，基本上就不算是女人……我非常懷疑他是因為從小就缺乏母愛才會如此。

小謝則是對於聲音甜美這點非常堅持，女人的聲音越嗲，他就越喜歡，最好是讓人聽了彷彿全身骨頭都會軟掉的那種。他覺得每天可以聽到對方令人銷魂的撒嬌聲音，是多麼心情愉悅的事情，連做起愛來也會格外的來勁……我相信一定是因為學生時代太愛看日本A片所帶來的不良影響。（是真的，他的A片庫存量我相信足夠開一家專門店。）

浪子小K有另一種見解來解釋，他認為每個女人美的地方本來就是不一樣，就像是林志玲和林熙蕾，雖然都姓林也都是公認的美女，但是她們各自給人的美感本來就是不同的。

對小K來說，女人只要會打扮、懂得玩樂，如果床上功夫了得，又不會像無尾熊一樣扒著你不放，那已經算是滿分了……我個人認為這是小K為自己的濫情淫亂所做的官方說法。

有時人對於自己的偏執其實並不是這麼的清楚，尤其是當一件事情已經內化成習慣的時候，不只是自己，連身旁的親友也都會習以為常，視為理所當然的事情。

有人喜歡在工作前先喝上一杯香醇的咖啡，並不是有咖啡癮，只是單純的儀式動作，做完才能專心上班；有人去上公共廁所時，如果可以選擇的話，他一定會選擇右邊算起來第二間，也沒為什麼，就是下意識的選擇；有人回到家的第一個動作就是電腦開機，也許他根本沒想要使用，但電腦開著會讓他覺得安心……

至於我是如何發現自己的偏執？

是這樣的，昨天我收到了上個月的信用卡帳單，當我看到在誠品書店、無印良品及星巴克的消費金額後，我才驚覺到自己是這麼的偏執與浪費，因為那個消費金額實在高到讓我難過得想罵幾句髒話，讓我忍不住想寫篇文章來發洩一下，靠……其實寫文章也是一種偏執啊！

其實我們都是靠著或多或少的偏執，才能在這世上生活著……

阿飛戀愛行銷講座

有些女生很好奇，我們男人為何總會交往不同類型的女友，
事實上無論男人所交往過的女友類型有多麼不同，
其實一定有個重點，是他自己所重視的。

敗戰處理投手

Dear Carlo：

妳昨天說我真的是一個烏鴉掃巴嘴，妳那個狗娘養的連我家那兩隻貓都比他有靈性的男友確定和妳分手，已經不用再設什麼愛情停損點，正式公開下市了；妳還警告我，再把妳的感情事公諸於世，妳就要殺我滅口讓我嘗嘗七大武器之首『好折凳』的厲害。

親愛的卡蘿，關於『好折凳』的厲害，我已經在星爺的電影裡領教過了，非常感謝妳的警告。

很抱歉，關於妳的感情事，身為朋友的我還是忍不住想要說，就算真的會被妳滅口，我也在所不惜，套一句星爺的台詞：『就算妳殺了一個我，還有千千萬萬的我啊。』

妳昨天告訴我，經過了前男友的震撼教育後，妳馬上痛定思痛，決定投入那位苦苦等候妳五、六年的大學同學的懷抱。

根據我對於妳這位『備胎』的了解，他除了偶爾幫妳修修電腦、開開旋轉泡泡球、MSN群組歸類在『好用工具』之外，就只剩下讓妳當成沙包出氣的功能了，所以妳會作出這樣的決定，我相信妳真的是被氣到腦殘了……

妳說備胎的他很好，除了上述功能之外，其實還有買宵夜、陪逛街提東西的作用，這些是前男友做不到的。

妳說不再相信帥哥，因為他們個個都花心，備胎同學雖然長得不算帥，不過好歹在故鄉也是人稱『竹山劉德華』；妳還說感情是可以培養的，當初妳老爸老媽也是媒妁之婚，完全沒有感情基礎，但是到現在還是非常恩愛。

妳說的這些理由我都了解，也沒法全盤否認，也許妳認為自己願意『屈就』於他，對方就應該要銘感五內、謝主隆恩了，但事實上這樣對他並不公平。

妳知道嗎？

在棒球比賽中有一種術語叫做『敗戰處理投手』，這種投手是在球隊比數大幅落後已經無力追趕時才有機會上場，只是單純用來消化剩餘局數的。反正輸太多分了，已經無關勝敗，所以他投得好或壞，對球隊而言根本不重要。

而妳的那位『竹山劉德華』現在就好比是敗戰處理投手這樣的角色，他只是在妳剛與男友分手後才有機會上場。

對妳而言，他的好與壞其實根本無所謂，反正只是用來填補空虛，用來忘卻前一段不愉快的感情。

請妳要了解一件事，男人是愛面子的。無論『竹山劉德華』之前多麼無怨無悔的等待妳，多麼百般容忍妳的任性，當他知道自己出場只是『處理殘局』，表現得好，算妳賺到，表現不好也沒關係，老娘也沒有預期你會多好，等下一個『東區金城武』出現，就謝謝再連絡，他肯定會想打妳兩巴掌的……

另外，妳怎麼可以肯定這五、六年來他確實是在等妳，而不是因為剛好他也找不到？而且就算感情是可以培養的，這五、六年來你們之間怎麼培養不出一點屁來？我相信雙方能激出火花的話早就出現了，不必等到現在才開始培養吧？

認清事實吧……他根本不是妳的菜！

阿飛戀愛行銷講座

敗戰處理投手這樣的角色，他的好與壞其實根本無所謂，

反正只是用來填補空虛，用來忘卻前一段不愉快的感情。

但是，愛情不是數學題，1＋1≠1，也不是減掉A再加上B就一定等於C的。

單身，其實也挺好的

以下是大陸一位朋友的來信：

阿飞，您好！

常看您的博客，我是个二十七岁的未婚女孩。我的家庭很幸福，父母感情二十几年如一日的好。作为独生女的我，从小就被宠着惯着，家里什么事情也不让我做。于是我成了个一身毛病的孩子，任性、思想单纯、自制力差、内向孤僻、社交能力差，还有自卑。

虽然在很多人的眼里，我没有什么可以自卑的理由，长相身材算中上吧，还算顺眼，异地的大学生活结束后，我没有回家乡，独自一个人留在城市工作生活。

虽然我几乎从不和别人吵架，但依然朋友很少。我想，这是骨子里对别人很挑剔，看不上很多人。大学期间谈过两次恋爱，均以失败告终。分手虽然不都是我的责任，但我也曾经仔细地检讨过自己，应该说和我性格不好有关系。我给男友的私人空间太少了，压得他们有些喘不过气。

这个我也明白，但就是控制不了自己。我很孤独，需要他们时刻在我身边。因为不善交际，我不喜欢去人多的地方，怕让男友在朋友面前没有面子，所以很少参加男友的朋友活动。我的第二个男朋友很爱我，一心想和我结婚，但是后来我发现了一些他性格上的弱点，比如自私，比如任性，我就放弃了这段我也曾幻想过婚姻的感情。

一方面我希望自己的男友比我聪明优秀，可以教我很多东西；另一方面我也怕比我出色的男人会看不上我。这似乎很矛盾。我又生性敏感，所以，几年来相亲认识的十多个男孩子，我都放弃了。我不敢尝试，怕他们发现隐藏在我坚强冰冷的外表下的自卑懦弱。另一方面，我发现身边的男孩总有这样那样的缺点毛病，而别的女孩的男友或是老公都那么好。

现在年龄越来越大了，虽然表面上我显得依然对目前的单身生活自得其乐，但是父母都很着急，觉得『在别人面前抬不起头』（这是他们自己说的），仿佛我是他们的耻辱。有时候我想，也许我真的不适合和别人一起生活，适合一个人过，但来自父母同事朋友社会的各种压力有些让我透不过气来，我必须坚强自信快乐地活着，至少是表面上……

我知道必须调整自己的心态，不然我就完了。可是我该怎么办啊？

首先，沒想到我的部落格居然在大陸的朋友會看到，因為曾經請在上海的同事及在北京的朋友幫我測試過，我的部落格是沒法正常開啟的。我也一直很納悶，我的文章並沒有什麼政治文還是限制級言論，居然也把我的部落格歸為『列管戶』。

ＯＫ，言歸正傳，老實說阿飛我並不是什麼兩性婚姻專家，不然也不會到現在還是光棍一條，我的老本行是行銷企劃啊（含淚……），實在沒有立場或專長來回答妳。

不過既然妳這麼賞臉來信給我（還是第一個問我感情問題的朋友），我對妳的問題提出一點個人淺見。首先，我要嚴重警告妳，居然才二十七歲就說年紀大了，那我三十二歲不就要叫老人了？還有我在〈為什麼妳找不到男朋友？〉提到那位好友不就變成老姑婆了！

妳在信中提到了自己的父母，講到自己曾經歷的戀愛經驗，也特別列出自己身上的缺點。老實說，我覺得妳很棒，知道自己這麼多缺點。我想很多人都不知道自己的缺點在哪（包括我自己），能了解自己就知道該怎麼改進，而且我認為那些缺點應該不是找不到愛情的理由。

很多人擁有幸福的感情，並不是因為他們沒有缺點，而是他們找到適合自己的伴侶。我常說：『這世上沒有完人（只有完蛋的人）！』只要對方大部分符合妳對他的要求，容忍對方的弱點也是必要的學習吧？

父母希望妳早一點結婚，心情可以理解。女人當嫁，這是傳統的婚姻觀念。可是我個人是認為妳也還沒有真的很『大』啊，妳一定要明白，婚姻是自己的，日子要自己過，只有找到合適的對象才能結婚，為別人而結婚是不可能幸福的。

妳才二十七歲，如果是在那個女人還裹小腳的年代，年齡可能就不算小。那時的女人十幾歲就被抬上花轎（也許還是強迫的），二十多歲已經兒女成群，四十出頭就當『婆婆』了。但是在現今的社會，女孩子三十多歲還沒結婚的比比皆是，妳根本還不到該『拉警報』的年齡，犯不著特別著急。

另外，就算真的『拉警報』了，結婚也急不得的。總不能來場比武招親還是智力測驗，來一次定生死吧？我覺得談感情或婚姻，心態應該要放鬆、順其自然才會選擇到真正適合自己的人。

不知道妳有沒有常逛街，時常會看到那些手段高明的女孩在和路邊攤老闆殺價，那些殺價老手通常臉色從容一副『老娘又不一定要跟你買』的樣子，這樣小販就越容易急著把東西賣出去，就越可能把售價降低。相反的，買東西的人越著急，而且顯現出對商品喜愛得不得了的神情，小販就不太可能會降價了。（我這樣比喻會不會扯太遠啦？）

現在的女人，都能夠自食其力，可以好好享受生活，沒有必要太著急於婚姻。能找到情投意合的另一半就早點結婚，找不到就等一等，多交朋友，多與人接觸，現在的女人過得可比我們男人快樂多了呢。

不要有結婚的壓力，想想單身其實也挺不錯的：

1.上班搞得筋疲力盡，下班想回家休息就回去，不用勉強自己明明眼皮像被吊著十斤肉一樣重，還要陪著人家去看電影。

2.今天想和A去吃火鍋，明天要和B去唱歌，星期天打算和C去兜風，沒人敢說你花心又劈腿。

3.不再為了有人把你的牙膏從中間擠，還是拿著刮鬍刀去剃腿毛而不開心。

4.假日去海邊玩，不會有人在你想下水時，要你幫她拿傘遮陽而興致盡失。

5.當你想安靜看書的時候，不會有人在旁邊不斷吵著要出門去逛街。

6.不用再被隨時抽考『今天是什麼日子？』或『你喜歡我哪裡？』之類的機智問答。

7.今天想吃日本料理，不會莫名其妙的出現在義大利餐廳門口。

8.不用再躲在陽台抽煙，讓住在對面的辣妹以為是變態偷窺狂。

9.當你累到想與床融為一體的時候，不會有人逼著你一定要陪她聊天。

10.當你在看棒球賽時，不會忽然出現：『三振可以得幾分？』之類的問題。

嗯？上述幾點好像是對我自己說的，不是在回答妳的問題……總之是相同的道理，單身有單身的快樂，當然，能找個情投意合的另一半就更完美了。但是妳對於自己一定要有自信、愛自己，不然怎麼能夠讓別人來愛妳呢？

希望妳能夠幸福又快樂哦！

感覺背後不只有心海羅盤還有七彩光芒的阿飛 敬上

阿飛戀愛行銷講座

『這世上沒有完人（只有完蛋的人）！』

只要對方大部分符合妳對他的要求，容忍對方的弱點也是必要的學習吧？

提款機男人

年輕的時候，我們有四個好朋友時常混在一起。

阿文是個高䠷俊美又聰明的帥哥，老爸又是某大醫院的副院長，自然很受女孩子歡迎。

阿傑是個風趣幽默的開心果，老爸居然是位德高望重的大法官，這點一直讓我們無法和愛耍寶的他聯想在一起。

阿益是個害羞內向不太起眼的男孩子，不過他老爸是家國內上市公司的老闆，他身上永遠帶著大疊千元鈔的零用錢，出門開著名貴的高級跑車代步。與他們三個朋友比較起來，我真的可以算是非常平庸的一個人。

我們四個臭男生平時的娛樂就是在泡沫紅茶店及夜店搭訕女生，通常有阿文這個帥哥當誘餌，再加上阿傑的三寸不爛之舌與炒熱場面的功力，我們要認識女孩子可以稱得上是無往不利的，所以從我高中一直到入伍當兵之前的那段歲月，幾乎是在這樣的生活中度過。

一切都很美好，直到有次我們在咖啡廳認識了擔任吧台工作的小梅……我記得當時阿益看到小梅的時候，整個人都楞住了，呆頭呆腦地稱讚她：『妳……妳的技術真好，這杯飲料調得真好喝。』這句話害我差點把口中的咖啡噴到他臉上。幹，你點的是柳橙汁啊！

起初，阿益只是經常要我們陪他去買花、買卡片、買小禮物這類的東西，漸漸的他的跑車上開始不定時會出現名牌皮包、名牌手錶、名牌飾品等等價值不菲的東西，不久後他開始會和我們聊起某品牌當季新品的上市時間，要我們幫他留意日期，以免他會忘記去買。到了後來他很認真的詢問我們送女孩子應該送什麼車子比較好的時候，我們全都認為他已經壞掉了，真的徹底的壞掉了。

以前，除了玩樂之外，阿益生命中最有意義的事情就是霹靂布袋戲了。布袋戲中的主角『一頁書』是他的偶像，記得那時我們幾個只要去他家作客，就一定會被他強迫收看最新一集的霹靂布袋戲錄影帶。從他熱切的向我們解說劇情與人物關係的神情看來，我真的覺得黃俊雄沒找他去戲團上班，實在是太可惜了。

然而，後來小梅已經完全取代了『一頁書』的地位了。與阿益開始交往後不久，小梅就辭去咖啡廳的吧台工作，每天不是跟著我們到處去鬼混玩樂，就是去學校上課，而她的大學學費正是阿益提供的，而阿益自己大學卻沒讀完。小梅開始把阿益當成提款機，只要缺錢就開口要錢，阿益也從來不曾讓她失望，除了生活費用之外，連小梅她弟弟的補習費都是他出的錢。有一陣子我甚至也想當個漂亮的女人，因為漂亮的女人都可以向男人領錢。

情況是越來越可怕了，阿益幾乎把老爸每月給他的零用錢全花在小梅身上，金額差不多已經等於經理階級的一個月薪水，沒多久他就開始向我們幾個朋友借錢了，我們無論怎麼好言相勸，他都完全聽不進去，甚至有好幾次為了小梅的事情翻臉爭吵。

直到有天我接到電話，忽然開始同情阿益來了，那是小梅打來的，她說：『請你轉告你的朋友，不要再來騷擾我，我和他已經分手，我受夠了那種自以為是的有錢人了！』

在電話中我聽到她身旁男人的笑聲，而我接到電話的同時，阿益正在哀求著阿文借給他幾千塊，好讓他可以買禮物送給小梅……

在那幾年之間，阿益與小梅分分合合了好多次。小梅只要每次被男人拋棄或是沒錢的時候，就會回頭來找阿益重新復合，然後有其他的男人時又會再度離開。這種爛戲碼，我們幾個朋友都已經看到麻痺了。我們每次勸他，小梅根本只是愛他的錢，只是吃定了他沒法拒絕她，阿益都還是不為所動。

有次阿文實在氣不過，告訴他：『不斷的付出，不斷被傷害，叫做愛情嗎？你不過只是個可悲的笨蛋而已！』阿益閉上眼點頭，沉思了一會兒後說：『兄弟，謝謝你，但這就是愛情啊！』這時我們確實相信，阿益他不止是徹底壞掉了，已經是完完全全爛掉了。

又一次和小梅分手後，阿益忽然反常的不再難過，他笑著對我們說：『這就是人生啊，我相信她還是會回來的，因為她找不到比我更適合的人了。』那次我們決定不再勸他，這是他要的愛情，他愛情中的快樂，我們永遠無法理解，也不想再去理解，只要他自己過得快樂就好。

有一年，小梅決定要出國留學。當然，一切費用還是阿益幫忙支付。半年後，阿益決定跟隨小梅，選擇了相同的國家去留學。從此，他與小梅就不曾出現在我往後的人生中。

之後輾轉聽說小梅回國後，進入某家外商大型企業擔任企劃經理，也已經嫁人了，但新郎不是阿益。至於阿益，我從來都不曾再聽到關於他的消息……

阿飛戀愛行銷講座

用物質換來的愛情，就像是炎夏中放置在桌上的食物，

總是變質特別快也特別臭……

愛情不是用來積功德

我衷心的佩服女人忍受爛男人的能力！朋友的小妹Karen就稱得上是箇中好手。根據我從側面了解，她的悲慘戀愛史已經足夠寫成一部高潮迭起精采絕倫的連續劇，連劇名我都幫她想好了，就叫做『情人與我：賭鬼、酒鬼，有時還有花心男』，劇名多麼開宗明義，多麼淺顯易懂啊……

『我相信他還是愛我的，他只是一時的鬼迷心竅而已……』Karen當時這麼對我們說。我還記得那時瘦小的她，頭上還用繃帶包紮著、被酒鬼男友抓去『綸牆』（俗稱阿魯巴）過後的傷口。相信他還是愛她的？

如果真的打是情罵是愛，那我必須承認她當時的男友鐵定是愛她、愛到想置她於死地了，而她所謂一時的鬼迷心竅，也持續了兩年左右的時間，中間還送進了兩次急診室，這個『一時』也真是漫長啊……

我後來發現這些女人其實不是真的傻，只是她們實在太懂得自我催眠了，自己會在腦海裡描繪著不切實際的美好將來，幻想著對方會為她回心轉意浪子回頭，期待著十大惡人忽然變成十大傑出青年……哭夭，如果真會這麼神奇，我早就出來選好人好事代表了，還在這裡寫文章囉哩吧嗦幹嘛呢……

愛情應該是團結互助會，而不該是慈善功德會！

親愛的妳，爸媽生妳下來是讓人家疼愛的，而不是生來讓人家糟蹋的。這個世界不需要妳扮耶穌基督來感化世人，也不需要妳當釋迦牟尼來普渡眾生，妳對那些狗養的爛男人再怎麼犧牲奉獻、忍辱負重，他們也絕不會立一尊銅像來感念妳，還是妳希望他們賜給妳一塊『惠我良多』的匾額？

如果哪個算命仙真的告訴妳命中犯賤，不讓人家糟蹋一下不快活，那妳至少也要做到肥水不落外人田，與其給那些爛男人糟蹋，還不如讓妳爸媽自己來……

妳覺得為愛犧牲叫偉大？叫勇敢？

我告訴妳，消防隊員和救生隊員很偉大也很勇敢，但是我們時常在電視新聞上面看到現場會出事的人就是他們。也許我這麼說有點不敬，不過至少人家出生入死還有薪水可以領，萬一真的為國捐軀了，國家也還有傷亡補助金給他們，而親愛的妳為了那些爛男人犧牲奉獻可以得到什麼呢？放心，什麼屁也不會有！

愛情是用來讓妳快樂開心的，不是讓妳用來積功德的。

妳說：『救人一命，勝造七級浮屠……』我想請問一下，那些打妳的、騙妳的、拿妳錢的，或是花心劈腿的男人已經即將精盡人亡了嗎？還是今天沒有妳的滋潤，明天就會陽萎過度致死？如果妳真想要積功德的話，看妳是要去醫院當志工，還是要去育幼院當義工，這社會多得是機會讓妳做，沒有必要犧牲妳自己寶貴的愛情來做功德，對吧？

我最近還聽到了一個例子，朋友的好姊妹之前在網路上認識了現在的男友，交往了幾個月後，才發現對方已經有家室，老婆、小孩都在美國。要命的是，發現時她已經懷了男方的小孩，因為那男的辦事不愛戴套，之前已經為他墮了幾次胎，這次她還天真地相信只要生下小孩，男方就會因此放棄他在美國的妻兒，轉而投向她的懷抱，只因為他解釋說和老婆已經沒有愛了……

『我很寂寞』這句話，對於男人來說，大概是僅次於『我愛妳』最實用的句子。

現在的女人，無論是在學校的課業表現，還是職場的工作能力都完全不輸給男人，不過很多女人在愛情裡頭，無論學歷多高、職位多高，她的邏輯判斷能力卻是好比小學生。就從上面的例子看來，只要眼沒瞎的、腦沒殘的都會知道，那個爛男人只是存心要欺騙她的感情，根本不可能會為了她而離開原配，不然為何一開始交往時不先講明呢？如果真要對她負責，之前為何逼她『火娃娃』？

有老婆女友的男人要騙女人上床時，最常用的話不外乎『我和她已經沒有愛情了……』、『我仍維續這段婚姻，只是為了小孩著想……』、『其實我內心好寂寞……』、『我已經打算要和她分手……』等等，實在是有夠老套，不過奇怪的是，還真是好用，真有女人會相信。

親愛的妳不是兩性專家，也不是婚姻顧問，他的感情婚姻有問題，請問是關妳何事啊？更沒有道理用身體來幫他慰安，請妳下次學聰明一點、心腸硬一點，請他先恢復單身後，老娘再考慮要不要給你機會。

我們男人很爛，但請先想想妳為什麼要給我們機會耍賤、耍爛呢？妳是不是有什麼特質容易吸引爛男人呢？甚至其實妳很享受處於委屈犧牲的感覺呢？我得老實說，如果妳因為遇見一次爛男人而愛得痛苦、愛得可憐，值得同情心疼，但是如果妳不斷重複愛到爛男人，請記住：遇到一次叫『笨』，遇到兩次叫『呆』，第三次就叫做『活該』！

阿飛戀愛行銷講座

親愛的妳，爸媽生妳下來是讓人家疼愛的，而不是生來讓人家糟蹋的。

拋頭顱灑熱血這種事是革命軍人在幹的，

妳跟人家湊什麼熱鬧啊？

愛情的5種恐怖分子

這是一篇臭酸熟男的勸世文。

從小到大，我的感情運向來都是幾個朋友之間最『背』的。背到連自己心儀已久的小學妹拿著情書到教室來，當著我面前來表白，明明是幸福的時刻，我都能搞砸，讓學妹淚奔回家，從此消失在我眼前；年紀大了，甚至背到連我老媽都看不下去，拿著在隔壁鄰居家照顧阿公的菲傭她姊姊照片給我看，尷尬的對我說：『皮膚很白看不出是菲律賓的哦，聽說會說國語，還是個大學生，不錯啦！考慮一下看看嘛！』

就算是好不容易交到了女友，原以為從此擺脫悲情，但在戀愛的過程中總會出現程咬金，再度將我打回悲情的輪迴中。

從自己過去及周遭朋友的經驗發現，千萬不要以為『匪諜』只在電影情節中才會出現，事實上我們的身邊周遭時常環伺著〇〇七情報員及長江一號，隨時會給你的愛情來個致命一擊，偏偏這些人和你或你愛人的關係匪淺，不是不能輕易得罪，就是你根本想不到會敗在他們手中。

到底是哪些『愛情恐怖分子』需要小心？

待臭酸熟男說給你聽吧：

老爸、老媽、大伯、阿姨、阿公、阿媽……

恐怖指數：★★★★★

因為父母反對，導致戀情早夭的例子不勝枚舉，這不僅是連續劇最愛用的橋段，更是真實生活裡經常上演的愛情悲劇。

不管是自己的父母或者對方的父母，甚至是任何長輩投下反對票，你們的愛情保證前景黯淡，難以翻身。

記住！談戀愛，一定要把對方的父母看得比自己的父母還重要，千方百計討好是一定要的；嘴要甜，臉要笑，腦袋請放機靈點，打牌該放水就放水。在對方父母面前，無論你在外頭多麼不可一世，愛她就要放軟你的姿態。

當然，也一定要讓自己的老爸老媽認為你正在交往的人是打著燈籠都不一定找得到的好對象，有事沒事多在爸媽面前稱讚對方的為人和品行，營造良好的印象。這樣談起戀愛來，才不會有長輩從中作梗扯你後腿。

學長、學弟、學姊、學妹……

恐怖指數：★★★

校園戀情最常見的情侶吵架情節，不外乎生氣男友太照顧可愛的小學妹，或者女友的學長對她特別關愛。我自己就曾經親身發生過女友被學長細心照顧到他家床上的故事，所以對於學長、學弟、學姊、學妹、同學等『學字輩』確實不得不防範啊……

面對這些『學字輩』的恐怖分子，最重要的就是要『表態』，讓全校的同學清楚知道：『XX是你的！』

必要時，你想蓋上『版權所有』的印章，我也不反對，不管學長、學妹、學姊、學弟都別想來插一手。

記住，顧好你的戀人是自己的責任，該接送上下課的、該陪吃陪喝陪玩陪睡的，全要親力親為，千萬別想假手他人。別以為有人替你照顧，挺好的、挺輕鬆的，等到大勢已去時，你就欲哭無淚了。

乾哥、乾姊、乾弟、乾妹……

恐怖指數：★★★

舉凡什麼乾哥、乾姊、乾弟、乾妹，甚至乾爸爸、乾媽媽都一樣，他們雖然沒有血緣關係，但有時行為舉止卻比親人還親。

千萬不要以為沒什麼，我有個朋友什麼沒有，乾妹特別多，通常不是『把』不成才變乾妹，就是準備下手前先拉攏彼此關係的招式，我一度懷疑他是迷戀『哥哥你好棒，妹妹我還要』的A片情節才會這麼愛認乾妹。

面對這些曖昧的『乾字輩』，你只能全面注意他們。要聚餐？跟著去！要唱歌？跟著去！要上夜店？跟著去！

記住，要有風度，別亂發脾氣、亂吃醋，要讓你的情人覺得帶你一起去是很有面子的事，這樣才能達到『跟監』的效果。

如果覺得他們往來太親密了，也要明白告訴情人你的感覺，希望他拿捏好分寸，不要因此傷了你的心。如果他愛你，就會顧及你的感受；但是萬一他覺得你管太多，甚至認為他們比你還重要，你就要好好思考一下你們彼此的關係，也許並不像你所想像中的那麼好。

前男友、前女友、前前男友、前前女友……

恐怖指數：★★★★★

前男友、前女友應該算是史上最『殺』的恐怖分子了，他們跟你情人的關係雖然已是過去式，但難免要擔心是否有餘情未了、藕斷絲連的成分存在。

『我們現在只是朋友啊！』

是啊，你情人可能會這樣告訴你。但誰能保證對方也是這麼認為？

有沒有聽過蘇永康唱的〈舊愛還是最美〉這首歌？不少前男友、前女友就是分手後才驚覺原來上一個情人還是最好，因而回頭糾纏，希望再續前緣。

這對你所謂的『現在式愛情』殺傷力實在不容小覷，因為他們這段『過去式愛情』彼此很熟悉，默契也許比你還好；他們知道對方的許多小秘密，而你也許還不知道；他們也許對彼此還有感覺，太多的『也許』可以造成你的『現在式愛情』動搖。

所以，絕對要小心你情人與『前字輩』的互動，『對不起，我發現我還愛著他。』應該是你最不願意聽到的一句話了。

好友、戰友、酒友、球友、牌友、網友……

恐怖指數：★★★

經常會聽到『朋友妻，不可戲！』但是真的不會下手嗎？說不定真的是『偶爾戲，沒關係』。

事實上，我最常聽見的是女性朋友含淚抱怨被最好的朋友搶了老公或男友，或者有人當兵前委託死黨好友代為照顧女友，結果就真的『完全委託』給人家當女友了。

朋友？義氣？

愛情來了，友情義氣就不見了。

我在外島當兵時的學弟，就不幸慘遭好友的毒手。

正當國旗在島上隨風飄揚，軍歌響徹雲霄的時候，他那在台灣的女友與好友，也正在他那溫暖房間裡，毫不遜色，同樣響徹雲霄……當然，這些都是我們日後才知道的。

阿飛戀愛行銷講座

愛情是複雜的，

有時是兩人關係，有時是三角關係，有時則是兩個家族的關係，

或許也會變成彼此完全沒有關係……

愛情的三角考古題

以下讀者來信，已經徵求同意公開發表：

阿飛，你好！

這樣來信希望不會太突兀，我是你的忠實讀者。

你的《阿飛，不會飛》我全拜讀過了，喜歡你文章的直接與犀利。

會想寫信給你，是因為很想有一個在我生活以外的人給予救援。

我遇到一個很詭異的三角習題，我跟男友交往三年多了，剛要交往之初，男友對

我有些抗拒，他曾提過當時身邊有個女生對他很好。

我當時被愛情沖昏頭，只確認是不是女友？

他否認了，我隨即讓我的熱情繼續燃燒將他融化。

其實交往到現在，我們的愛情是加溫往前進的，我們非常要好也一起共同生活，甚至有考慮婚姻，但是我們爭吵的來源全是『她』。

約認識半年左右，我開始察覺一些異狀，我發現男友與她並沒有我想像中簡單，但是有趣的是，我跟男友完全正常交往，男友的家人朋友都認識我。唯獨她不知我的存在，可是她的許多行為似乎認為自己是我男友的女友。我們的差別只在於我和他一起生活，而她是出現在電話和網路ＭＳＮ上面。

男友解釋是工作上仍需要她的協助，也很坦白是利用她對男友的感情來做些事情。

但是我為這事傷神又傷心，我們也因此爭吵很多次，男友常說他心都是放在我身上，根本無需害怕。可是我除了因為別的女人對他好而感到生氣之外，更擔心的是欠了這份情，日後該怎麼還？

我是生活在他身邊的正牌女友，但是我常常會包容他到感覺自己才是個第三者一樣。我想跟男友好好的生活，經營我們的未來，可否教教我該怎麼有智慧的處理這件事。

說真的，我從一個很尊重隱私的人，被他訓練成可惡的ＦＢＩ偷窺狂；我從一個開朗明理的小女人，變成神經質又情緒化的討厭鬼。現在不要說他了，連我自己都覺得自己討厭！

阿飛可否請你在有空時，回我這封信呢？

無助又想前進的Ivy

老實說，阿飛我打從國中開始，數學課本的內容對我來說簡直就像是火星文，考試分數是爛到連老師要處罰打手心都覺得累的那種，而壓死駱駝的最後一根稻草就是『三角函數』，裡頭那些什麼sinA、cosA、tanA的函數公式，根本是打算要侮辱我的人生而存在的。

等長大成熟到學會男人必備的單手解胸罩技能的年紀後，我才發現比起男女愛情裡的複雜三角關係，學校老師教的三角函數算得上是簡單而且單純許多的了。

親愛的Ivy，很抱歉我沒受過兩性輔導的專業訓練，對於兩性的知識也僅止於國中時害羞女老師所上的健康教育課程。

感情這檔事本來就是很複雜的，通常要靠我們這種外人，來幫妳『擲茭』也沒有多大用處，妳和男友之間相處的細節只有妳自己最清楚，畢竟這不是套用數學公式就能夠解答的事情，所以我的回答可能完全幫不上妳任何忙，只能談談自己不負責的看法。

大概是我的個性使然，如果妳男友所說的話屬實，我並不認同為了工作前途就可以利用別人的感情來達成目的。

妳一定很愛妳男友，也表現得非常寬宏大量，真的是讓我們男性同胞衷心地羨慕妳的男友，心想如果要是讓女友知道自己在外頭和別的女人搞曖昧，還不如自己先幹掉半罐巴拉松，死得還比較痛快點……

有很多女人喜歡把我們男人形容成『狗』，我得承認還真是貼切，因為狗也是哺『乳』類，又是『狼』的近親，基本上和男人的行為習性是相差不多的。

男人們也犯不著因為被當成畜生而感到不高興，其實狗也並不全然是很糟糕的動物，狗也有很多種類，例如救生犬、工作犬、導盲犬、寵物犬及女人口中的小狼狗。

有些女人對待男人，真的就像是對待寵物犬一樣的寵愛。

寵物犬都很可愛，通常真的是人見人愛，狗見狗愛，讓主人面子十足、疼愛有加，給牠吃最好的用最好的，捨不得罵，更捨不得打，但也造就了寵物犬日後任性妄為的後果，例如看到食物就吃、看到路人就撒嬌、看到柱子就尿、看到母狗就上……

妳知道嗎？因為可愛的寵物犬對任何人都好，卻也因此最容易走失。（通常是被人抱走居多。）

通常等到搞丟了寵物後，飼主才會後悔當初為何沒有好好教導，為何沒有好好看顧？

相對的，對待男人也是同樣的道理啊……感情是需要包容與體諒沒有錯，但是一個正常發展的戀愛關係，是不會讓對方一直擔心受怕的，愛情也並不是委曲求全就能夠換來幸福，該怎麼做？怎麼做會讓自己開心快樂就怎麼做吧！

P.S 我覺得Ivy妳這句『我隨即讓我的熱情繼續燃燒將他融化』寫得真好，好有畫面啊……

頭上有七彩霓虹燈閃阿閃的阿飛　敬上

阿飛戀愛行銷講座

對待男人也是同樣的道理……

馴犬師：『不聽話？就不看牠、不理牠，狗最怕主人不正眼看牠了。』

戀愛不是在下棋

『喂，我問你哦，如果有個男生追求女生追得很勤快，可是忽然整個星期沒消沒息，你覺得是什麼原因？是不是他想玩「欲擒故縱」？還是他已經想放棄了？我應該用什麼招式因應？』Salina在ＭＳＮ上忽然問我。

Salina是我還經常在夜店打混的年代認識的女孩子，長得漂亮，是屬於男生會說正點、女生會罵騷貨的那種。我們八百年不曾連絡，我都已經快忘了有她這個朋友，這次忽然想到要找我，居然一開場就丟來四個問號要我回答。

『原因我怎麼知道，我又不是他，怎麼知道他想什麼？也許他只是累了想休息幾天，也許他認為另一個女人會更好，也許他三天前好心扶老太太過馬路，結果被車撞到住院，臉腫得像豬頭，不忍讓妳擔心，所以才不敢與妳連絡……原因太多了，妳怎麼不直接打電話問他就好？』我沒好氣的回答。

之後Salina沒有再回應。她的ＭＳＮ狀態從『離開』再度變成『離線』，就彷彿是象徵我和她的友情一樣。

如果妳把談戀愛當成孫子兵法的實驗場，多數男人會選擇『走為上策』。

親愛的妳，是否也和Salina一樣，喜歡把談戀愛搞得像是在打一場『戰役』，像是在玩一盤『棋局』，老是在猜測對方在想什麼，老是在想著自己下一步應該怎麼走。

我們經常聽到電視名嘴、專家、作家，甚至是親友們會告訴女人：如果男人打電話或傳簡訊給妳，千萬不要馬上回電，如果男人想約妳出來，千萬不要輕易答應，還有千萬不要讓男人以為妳沒有其他追求者，不然他就不會珍惜妳……

如果妳喜歡在男女關係之間玩心理戰，我想如果對方也是個『玩家』的話，他會很樂意陪妳好好玩一場。

妳要玩『聲東擊西』，我就搞『陳倉暗渡』，妳想用『苦肉計』，我就來個『空城計』，妳使出『金蟬脫殼』，我就用『脫褲子放屁』——要玩就玩，誰怕誰？因為戰勝對手與不斷征服，正是玩家他的樂趣所在，所以越難得手的他就越想挑戰，但是妳會希望與這樣的玩家交往嗎？可是那些真心想與妳交往的男人就與玩家不同了。

對於玩心理戰這種遊戲，他們也可以玩，但他們不想玩，他們單純只是想進一步認識妳，單純只是想與妳好好交往，單純想要好好疼愛妳。

如果妳也對某個男生有好感，他只是比妳設定的時間晚了三小時才打電話給妳，為什麼妳就不和他聊天？

他想約妳週末一同去吃個飯，又不是要找妳去『炒個飯』，為什麼妳要顧及所謂女人的矜持，就要放棄與他相處的機會？既然妳認為他是個不錯的對象，妳應該試著把握每一個可以了解對方的機會，玩心理戰只會破壞妳和好男人交往的機會而已。

親愛的妳，真正的重點是，妳要清楚的知道自己要什麼，原則在哪裡。他打電話給妳，如果妳的時間許可，又不會影響妳的作息，他也不會要求妳模仿0204色情電話的語氣聊天，那就陪他聊天吧；如果他找妳出去，只是吃個飯、看場電影，不是每次經過旅館門口就跟妳說：『走得好累要不要休息一下？』那就答應他吧。

男女交往應該是開心愉快的事情，把它當成像是下棋一樣鬥智，不是一件累人傷神的事嗎？而且說句實在話，對於我們大部分的男人來說，相較於下棋，我們還是對於球賽比較有興趣，並不是說男人不愛用腦，而是那才是智力與體力的完美呈現啊……

阿飛戀愛行銷講座

如果戀愛真的像是在下棋，
那麼妳應該聽過：『觀棋不語真君子，起手無回大丈夫』。

讓愛情延續的10個建議

前幾天和同事阿Ben一起去吃中飯，聊到他與新婚老婆的近況，顯然從他的談話中透露出許多的無力感。從婚後他與老婆似乎經常為了小事吵架，對於一些事情的看法及價值感也差距頗大，更讓我訝異的是，他和老婆是相戀七年後才決定結婚的，照道理說雙方應該已經很了解對方才是。後來仔細了解後，原來他們夫妻倆都是脾氣非常硬的人，也因此在婚前就常為了小事吵架，彼此都不想讓步。

『我也不知道該怎麼辦，原本以為結婚後情況會改變，可是現在的狀況並不是如此，這樣時常吵架真的很累人……』阿Ben說。明明是相愛的兩個人，卻還在等待幸福穩定的感覺，你是否也正在為了維護自己的戀情而焦頭爛額呢？

請看看以下的建議吧！

鼓勵與讚美很重要

男女剛剛陷入愛情的時候，必然會互相讚美對方的優點，隨著關係固定下來，感情的熱度略為下降之後，人們對『鼓勵與讚美』這種事情就做得少了，儘管兩個人仍舊十分傾心於對方，但是已經不會再大聲的說出讚美和鼓勵的話。

如果缺乏真心的讚美和鼓勵，那麼最初的讚美給彼此所帶來的美妙感受和感激之情就會大大降低，直接導致的結果就是兩人的感情聯繫變得薄弱。

因此，必須多多鼓勵對方，把他當作一個值得讚賞的對象，告訴他妳對他身上的某個優點非常著迷，尤其是男性引以為豪，但是很少能讓別人了解的方面，例如他良好的社交能力，或者不為人知的小專長，甚至是他健美的體格。

想要什麼就明說

例如，我朋友小茹最痛恨老公在睡覺前不摟摟抱抱自己就直接睡死。每當他忘記的時候，她就會耍個性，不好好睡覺，甚至裝病哭鬧。而她那莫名其妙的丈夫只會不斷的問她：妳到底哪裡不舒服？

相信這一幕戲劇場面，你並不陌生。我想很多女生都跟小茹一樣，希望老公或者男友，是個會心電感應的特異功能人士，不需說明就可以做出她們喜歡的浪漫舉動。但是，世界上有心電感應能力的人真的是鳳毛麟角，對方不能在你的心裡裝上竊聽器，隨時聽到你的心聲。

在良好的情侶關係中，這種『猜一猜』遊戲是應該堅決不玩的，最穩固的愛情需要以沒有障礙的溝通作為基礎。

需要什麼、苦惱什麼、希望對方說什麼做什麼，都是直接說出來的好。你一言不發的自己生悶氣，會讓對方無所適從，容易引發矛盾和衝突，從『猜一猜』變成『罵一罵』。

無傷大雅的壞習慣就算了

夫妻或情侶長期生活在一起後，個人的習慣和癖好都會展現在彼此面前，無論他曾經多麼讓你心神蕩漾，共同生活才是考驗你的耐心和包容性的一個開端。

他可能會邊看著電視邊挖著鼻孔，也可能永遠把用過的浴巾扔在地板上。無論是多麼奇怪的小癖好，明智的你都應該選擇裝作沒看到或是好言溝通。你很快會發現對這些小事情睜一隻眼閉一隻眼，對你們的關係絕對是利大於弊。既然已經是多年形成的習慣，那麼絕對沒必要在這種事情上浪費時間開火對罵，不要因小失大，想想對方其他更重要的優點吧。

親密不應該公式化

在愛情中，表達彼此愛意的最初都是從牽手、擁抱及親吻開始。應該注意的是，不要因為感情久了，就把親吻當作做愛前的例行公事，要重視你們的每一個吻，每次接吻的時候都要真誠而溫柔。

我認為接吻是一種很奇妙的行為，可以很好的表達出『我對你愛不釋手』的感情，對方會感覺你深深的被他吸引，同時他的愛也是你所渴望的。

另外，增進感情的方法並不只限於親吻，兩個人在一起的時候應該多用撫摸或其他的身體接觸來表達感情。

我有個朋友習慣在任何時候都和他女友手牽著手，即使在兩個人睡著了以後也不分開。這是一個值得借鏡的習慣，可以讓你們之間的默契和溫情保持在一個細水長流的穩定水平上。

每天連絡對方一次

如果每天你都會收到伴侶的一封簡訊或是電話問候，你會不會感覺很幸福？還是覺得很煩？也許你們晚上就會見面，但是無論如何都保持這個習慣，讓對方知道你百忙之中心裡還惦記著他，還有什麼比這更讓對方窩心的呢？

我朋友中關係穩定的戀人，這種做法非常普遍，他們不會讓彼此失去聯繫，每天都會連絡對方。現代社會生活節奏緊張，工作壓力繁重，很有可能兩個人接連幾天都不能見面，無論是電話、簡訊還是電子郵件，甚至是一張小小字條，無非是想表達：儘管我們不能見面，但是我們的心永遠在一起。

就算只有兩個人也能快樂

經常穿梭於各種聚會或派對的情侶，往往不被人們看好，真正有潛力天長地久的是那些習慣兩人世界的情侶們。他們不需要在人際關係中尋找安全感，在兩個人的世界裡，他們一樣自得其樂。真正快樂的伴侶珍惜兩個人一起相處的每個平凡時刻，他們在一起就很好，不需要其他人來打擾，不依靠任何活動和遊戲就能滿足。

真的可以做到嗎？我朋友阿文和他女友，可以幾個小時坐在沙發上各看各的書，或者一個上網一個看ＤＶＤ，甚至就是坐在一起發呆放空，完全不用說話，並不需要創造話題，因為對他們來說，能在彼此的身邊相伴就已經足夠了。

做愛真的很重要

一成不變的日子讓人乏味，性愛更是如此，積極的伴侶不會忽視這個問題。美滿的性愛特別有助於促進感情，兩個人都有義務開發新的情趣，讓兩個人的激情永不消退。

經常變換花樣會讓彼此之間獲得更大的歡娛，同時讓彼此更了解對方的需要，讓兩個人真正的達到身心合一，記住，變換花樣並不是要對方搞特技表演還是體操動作。在性愛方面兩個人的交流更加重要，應該放下羞怯的心理，坦誠積極地追求美妙新鮮的感覺，這樣才能幫助愛情歷久彌新、堅定持久。

愛情也要追蹤進度

並不是要求兩個人真的每星期開一次周會，討論最近兩個人在愛情方面的投入支出，還是有沒有每兩天交一次『貨』。

更不是說，當有不安全感或摩擦產生的時候，就要舉辦一場『非常男女批鬥大會』。

兩個人對感情能夠開誠佈公的討論並把握進度是很有必要的。經常討論你們雙方對彼此的表現和內心的想法，可以幫助你們找出感情路途上的小問題並隨手解決掉，這是很多親密伴侶經常採用的方法，值得學習。

例如，有位知名作家曾在節目中提到，習慣與她的另一半在兩個人都很放鬆的情況下，進行一場小小的會談，她把這個叫做『愛情民主聯盟』。

他們會把近期以來對彼此的感受和想法，特別是不愉快的想法統統講出來，所有可能影響兩個人感情的不快都能夠得到宣洩和消除，這是一種積極的方法，可以預防兩個人各自將不悅隱瞞引起的危機。

永遠懂得尊重彼此

如果想知道一對情侶是感情深厚還是感情已經亮起紅燈，只要觀察一下他們談話時候的表情和語氣就可以看出端倪。如果他們之中的任何一個動不動就給對方白眼、冷笑或者言語諷刺，那麼可以預期他們之間不太可能長久下去了。

如果一個人對另一個人總是居高臨下，說明他們之間缺乏最基本的尊重，這是每一對伴侶都應該盡量克服的壞習慣。

儘管很多時候你需要很大的力量克制自己不發表意見，但是一個好戀人不應該對伴侶表示出輕蔑或譏諷。

有的時候你的伴侶確實表現得愚蠢，那麼不妨換個立場考慮，如果你受到對方的搶話或嘲笑，你必然會感覺受到了傷害，所以同樣的對方受到打擊也是相同的。我們應該學會克制，保留對方的自尊對彼此的關係很重要。

有時沒有必要太誠實

誠實是兩個人相處中最基本的要求，但是這並不代表所有的事情上你都要表現得過於真實，因為很多時候真話並不是那麼美好，很可能會對你的伴侶造成傷害。舉個例子，Amy的男友讓她給自己外表打分數，按照一到十分的標準，直言不諱的說可以打七分，儘管她覺得七分已經不錯了，但是她男朋友還是很有挫敗感，進而與Amy吵了一架。

怎樣才能把握好說實話和善意謊言之間的尺度呢？什麼時候該說真話，什麼時候應該輕描淡寫打混過去？最有效的辦法就是在開口說話之前，先設想一下如果換成你來提問，你會希望他說出什麼樣的答案？如果跟你打算說出的回答一樣，你會感覺高興還是受打擊？如果是後者，那麼很明顯絕對不可以按照這答案回答。

另外要注意的一點，就是不要對另一半不想說的事情追根究底，可能不這樣做你會感覺不甘心，但別忘了，他們不想說的原因，可能是他們也知道說真話不一定全是美好的。

阿飛戀愛行銷講座

『猜一猜』遊戲要堅決不玩！

多多鼓勵對方，尤其是男性最厲害的……

每天都以電話、簡訊或電子郵件連絡對方，但不是查勤啦！

保留真正的秘密，不說就是不說！

國家圖書館出版品預行編目資料

為什麼找不到好男人？——阿飛的完美女人課／
阿飛 著.--初版.--臺北市：平安文化. 2008. 04
面；公分（平安叢書；第315種）（兩性之
間；33）
ISBN 978-957-803-687-1（平裝）
1.兩性關係
544.7　　97005085

平安叢書第315種
兩性之間 33

為什麼找不到好男人？
——阿飛的完美女人課

作　　者—阿飛
發 行 人—平雲
出版發行—平安文化有限公司
台北市敦化北路120巷50號
電話◎02-2716-8888
郵撥帳號◎18420815號
皇冠出版社(香港)有限公司
香港灣仔駱克道93-107號利臨大廈1樓
電話◎2529-1778　傳真◎2527-0904
出版統籌—盧春旭
出版策劃—龔槵甄
編務統籌—孟繁珍
美術設計—陳韋宏
行銷企劃—李嘉琪
印　　務—林莉莉
校　　對—陳秀雲・余可喬・孟繁珍
著作完成日期—2008年
初版一刷日期—2008年4月

法律顧問—王惠光律師

讀者服務傳真專線◎02-27150507
電腦編號◎380033
ISBN◎978-957-803-687-1
Printed in Taiwan
本書定價◎新台幣240元／港幣80元